ライティングの哲学

書けない悩みのための執筆論

千葉雅也　山内朋樹
読書猿　瀬下翔太

星海社

187
SEIKAISHA SHINSHO

はじめに

山内朋樹

なにかを書こうとして、白紙のファイルに向かって孤独にフリーズしているならこの本のページを繰ってほしい。ぼくらも同じように、それぞれの書けなさを抱えながら悩み、苦しみ、もがいている一人の執筆者なのだから。

なにかを書くプロセスのなかで、書き継ぐことが苦しい、途中でやめてしまった、書き終えることができないと、書きかけのファイルを開くことさえできなくなっているならこの本のページを繰ってほしい。ぼくらも同じように、書きかけの原稿をそっと閉じてすべてを忘れてしまいたいと願う一人の執筆者なのだから。

なにかを書き終えて、こんなの誰でも書ける、クソみたいな文章を書いてしまった、これではダメだと、せっかくの原稿をフォルダの奥にしまい込もうとしているならこの本のページを繰ってほしい。ぼくらも同じように、できてしまった原稿を認めることができず、画面の前で絶叫している一人の執筆者なのだから。

とにかく、読みはじめてみてほしい。

＊

この本はそれぞれに固有の書けなさを抱えつつも、そのなかでいかに書くか、どうすれば楽になれるか、どうしたら書き終えられるかについて、千葉《ちば》雅也《まさや》、読書《どくしょ》猿《ざる》、瀬下《せしも》翔太《しょうた》、そして山内《やまうち》朋樹《ともき》の4人が縦《じゅう》横《おう》無《む》尽《じん》に語りあい、あるいは論じたものだ。

SNSや日々のニュースの炎上騒ぎにびくびくしながら、世間の目を気にして、言われたとおりにちゃんとして、おもてなしの心でもって、誰も傷つけないようマナーをふまえた言葉や振る舞いを身につけて。けれどその果てにあるのは神経症的な自縄《じじょう》自縛《じばく》と、他者と交換可能な凡庸《ぼんよう》さではないだろうか?

違和感——「とりあえずまじうっせえ」。

でも目を凝《こ》らしてみてほしい。あなたのなかには、あなたの生の傍《かたわ》らには、あなたにしか束《たば》ねることのできない荒々しい言葉の渦がある。創造の源泉なんていう上品な喩《たと》えでは汲み尽くせないほとばしりが、激流が、濁流が渦巻いている。ぼくらはそう断言する。

ここではたまたま「書くこと」がテーマとなっている。けれどもっと広く柔らかく「つくること」と読み替えてもかまわない。書くこと《ライティング》の哲学、あらため、つくることの哲学と！

書くこと、つくることをより自由に、気楽に、気にせずに、言ってしまえばもっと適当にやってしまうこと。ぼくらは、この時代の自縄自縛と凡庸さから、書くことを解放する！　つくることを解放する！

＊

とはいえここに収録された2本の座談会は、文章術に長《た》けた精鋭たちが集まり、遥《はる》かな高みで編み出された技の数々を披露《ひろう》しあうようなものではない。どちらかと言えば、どうやって書けばいいのか、どのように書き継げばいいのか、どうすれば書いたものに納得できるのかわからない、地べたを這《は》って苦しみ続けるどうしようもない４人が互いの傷を晒《さら》し、悩みを語り、ときに個々の人生の問題にまで踏み込みながら励ましあう、自助グループの記録のようなものだ。二つの座談会に挟まれた４本の文章もまた、それぞれが自分自身の執筆とつきあうなかで書きつけた切実な症例報告として読むべきだろう。

だからここで語られるのは、文章指南や仕事術に見られるような効率化のテクニックではないし、こうすれば書けるといったハウツーでもなければ、世間で吹《ふい》聴《ちょう》される「たったひとつのこと」でもない。

しかしだからこそ、ここでは書くことにまつわる本質的な探求がなされている。ありえない解像度で、書くことにまつわる悩みのニュアンスの多様さに向きあっている。それはときに哲学的で精神分析的な考察にまで達してしまうのだけれど、具体的な悩みのひだに沿って語られているから心配はない。必要なのは知識ではなく、なにかを書きたい、つくりたいという願いである。

*

ぼくらは、少なくともぼくは、この対話をとおして、あるいは収録された症例報告を書くなかで、なにか救われたように感じている。なぜだろうか。そのような効果を期待してはじめた対話ではなかった。それなのに書くことについてずいぶん気楽になったと、心の底から励まされたと、感じている。

書くこと、ひいてはなにかをつくることは、ようするに生きることだ。書くことは結局のところ自分自身と向きあい、その限界を認め、諦《あきら》めることだし、これまでに受けてきた傷やわだかまり続けるしこりも含めて許すことだ。書くことの悩みは自分自身の生と深く結びついているがゆえに絡《から》まりあっていて、表に出すのは恥ずかしく、涙なくして語ることはできない。しかしだからこそ、それを晒しあい、迎え入れるこの場には、底抜けに明るい笑いが満ちている。

気楽な気持ちで5人目の席についてほしい。椅子は用意している。気後れするなら少し離れたところから見守ってくれてもいい。ぜひ覗《のぞ》いていってほしい。

ここには書くことの、つくることのすべてが詰まっている。

目次

執筆

座談会 その2　快方と解放への執筆論

座談会 その

挫折と苦しみの執筆論

本書は「書く」ことを仕事の一つとしながら「書けない」悩みを抱えた左記の4名が、新たな執筆術を模索した軌跡を記録しています。

千葉雅也

1978年、栃木県生まれ。立命館大学大学院先端総合学術研究科教授、哲学者。ジル・ドゥルーズを中心とするフランス現代思想の研究、美術・文学・ファッションなどの批評、小説など、領域横断的な執筆を展開している。

山内朋樹

1978年、兵庫県生まれ。京都教育大学教育学部准教授、美学者、庭師。フランスの庭師ジル・クレマンの研究、庭や街のフィールドワーク研究を軸に、現代の庭の可能性を理論と実践の両面から探求している。

読書猿

正体不明。読書家。メルマガ「読書猿」で書評活動を開始し、現在はブログでギリシャ哲学から集合論、現代文学からアマチュア科学者教則本、日の当たらない古典から目も当てられない新刊までオールジャンルに書籍を紹介している。

瀬下翔太

1991年、埼玉県生まれ。編集者、ディレクター、NPO法人bootopia代表理事。批評とメディアの運動体「Rhetorica《レトリカ》」の企画・編集を行う。2015年に島根県鹿足郡《かのあしぐん》津和野町《つわのちょう》へ拠点を移し、2021年春まで高校生向け下宿を運営。

この4名が互いの執筆術を紹介しながら書けない悩みを打ち明け合った「座談会その1」、それから2年が経過したのちに変化した執筆術を書き下ろした「執筆実践」、書き下ろされた原稿を読み合い熱論した「座談会その2」の全3部で、本書は構成されています。

まず、本書の出発点となったのは、山内さんの「WorkFlowy使いを集めてそれぞれのトピックの立て方や執筆段階での使い方を公開するという企画があれば需要があると思う。というか他の人がどうやって使っているのか具体例をなるべくたくさん見たい」（2017年12月21日）というツイートです。「どこかウェブメディアで、思想や批評、文学分野などのアウトライン・プロセッサ使いを集めて、みんなのアウトラインを公開する記事をやりませんか？　座談会も収録して、とか。」（2017年12月21日）と千葉さんが引用リプライで応え、アウトライナーを利用して執筆を行っている読書猿さん、瀬下さんを交えて次ページから掲載する「座談会その1」を2018年4月15日に行いました。

このように、アウトライナーと呼ばれるツールを使用した執筆方法を見せ合い、自分がより楽に執筆するためのヒントを得ようという動機から始まった座談会でした。しかし、議論は「うまく書けないせいで負った傷を見せ合う」といったナイーヴな悩みを打ち明ける赤裸々な述懐から始まり、「書けない悩み」の解決方法を検討するのみならず、書くことの本質の探求へともつれこんでいくのでした。

文＝星海社編集部

アウトライナーとは？

アウトライナーとは、文書の全体の構造を階層的に作成・編集し、また細部を加筆・編集する形式をとる文書の作成ソフト・ツールです。

PCで文書を作成するソフトとしてはWordが一般的ですが、最初から最後までひと連なりの文章が表示される形式をとるWordとは異なり、アウトライナーは見出しと記述をセットとして取り扱う階層化された文章が表示されます。

たとえば文章を書き出す前に、目次や構成案を書き出し編集する――見出しの階層化とグループ化を行い全体の構造を統御する――ことがあります。

アウトライナーでは、文書全体の階層構造がツリー状に表示され、つねに編集位置を把握できます。

ゆえに「細部の記述」のみでなく、先述のような「全体の構造の統御」も思考しながら文書を記すことへと、使用者を向かわせます。

同一階層内で順序を入れ替えたり階層を上下させたりする機能も存在し、アウトライナーはとくに構造的な長文を執筆する際に有用なツールとされています。

SECTION.1

「書くこと」はなぜ難しいのか？

――本日は「アウトライナー座談会」と題して、千葉雅也さん、山内朋樹さん、読書猿さん、瀬下翔太さんの4名にお集まりいただきました。この企画は、山内さんのアウトライナーについてのツイートを受けて、千葉さんが「アウトライナー使い」を集めて使い方や執筆論について議論を交わしたらおもしろいのではないか、というツイートをされていたことがきっかけとなって実現したものです。

山内　ちょうど、千葉さんと二人でアウトライナーについてやり取りしてたんですよね。

千葉　ぼくがアメリカにいたときですね。

山内　おそらくその頃、紙媒体に先駆けて配信されていた千葉さんの『メイキング・オブ・勉強の哲学』電子書籍版[*1]を読んだ後だったと思うんですが、そこには千葉さんが『勉強の哲学』[*2]を書かれたときの実際のアウトライナーの使い方がスクリーンショットを交えて掲載されていたんですね。それを見て、自分はアウトライナーを使っているといってもまったく使いこなしていなかったんだということがわかったんです。

当時ぼくは、まずは普通に箇条書きをつくって並べ替えをしながらまとめていましたが、その作業をしているうちに個々のトピックが膨らんでいき、最終的にはひとつのトピックがひとつの段落になるまで書き加えてしまっていたんですね。つまりはアウトライナーで原稿をほとんど書いてしまっていた。

千葉　最終原稿を書いていたんですか⁉

山内　ほぼ最終原稿ですね。それをWordに移して整理する、という流れでした。

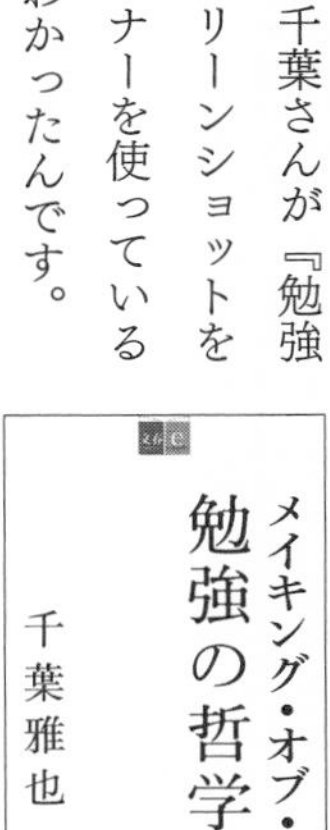

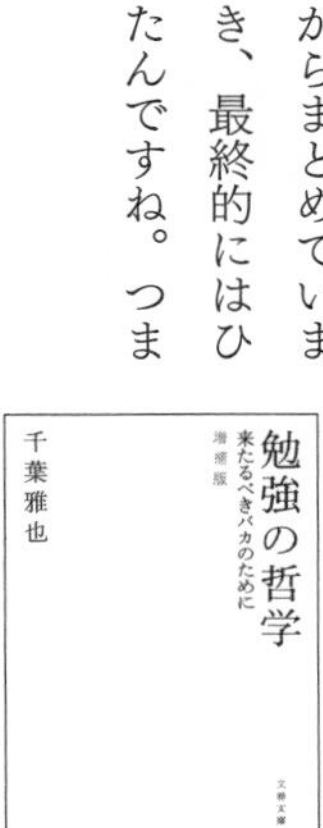

＊1　千葉雅也『メイキング・オブ・勉強の哲学』（文春e-Books）勉強論『勉強の哲学』を制作論として振り返る副読本。第二章では『勉強の哲学』のアイデア形成のためにツールをどう使ったかが具体的に説明されている。

＊2　千葉雅也『勉強の哲学　来たるべきバカのために』（文藝春秋）「勉強とは、自己破壊である」をコンセプトに独学で勉強するための方法論、実践例を案内する勉強論。増補版が文春文庫から刊行されている。

千葉　それはぼくとは全然違いますね……。

山内　そんなときに千葉さんの使い方を見たので衝撃を受けたんですよ。それで、人のアウトライナーを覗き見ることができれば自分の使い方も相対化されて変わってくるし、なによりいろんな使い方を見るのは楽しそうだなーと思って、無責任に「そんな企画があったらいいな」って呟《つぶや》いたんです。そしたら、どういうわけか自分のものを晒すことになってしまった（笑）。

千葉　さて、今日はぼくはやや司会的に振る舞おうかと思っています。今日集まっているみなさんは、執筆や調査に関わるなかで、「方法」をそれぞれ意識されている人たちだと思います。まさにそのことをまとめて書いてくださっているのが、読書猿さんの『アイデア大全』[*3]ですね。だからここでは、お互いの、方法についての考え方

＊3　読書猿『アイデア大全』（フォレスト出版）〈新しい考え〉を生み出すための方法を、科学技術、芸術、文学、哲学、心理療法、宗教、呪術など、多くの分野・古今東西から渉猟し集めたテクニック集。個々の技法の実用性だけでなく、成立背景まで案内されている。

を照らし合わせるのがいいのかな、と。

前提として、方法を考えるということは、書くことに関する問題や苦悩があって、そこを突破するために行っているものだと思います。ニーズがあるから、方法を考える。だから、それぞれに固有の悩みや、悩みに応じて導き出された解法などを紹介していきながら、個別の話と普遍的な話を行ったり来たりできれば、と考えています。

自己紹介、あるいは「書くこと」との付き合い方について

千葉　まず自己紹介をすると、ご存じの方もいらっしゃると思いますが、千葉雅也といいます。いまぼくは、立命館大学の先端総合学術研究科という大学院で教えているんですが、ここは90年代から大学に設置され始めたような領域横断系の研究科で、思想とか社会学とかいろいろな専門家がいます。だから学生も多種多様なのですが、特にうちには立岩真也《たていわしんや》さんという、福祉、とりわけ障がいの社会学に強い人がいて、その人のところに集まってくる、マイノリティの問題や労働問題、差別の問題といった「倫理的」なイシューを扱うようなタイプの、社会系の学生が比較的多い。そういったなかで、ぼくは文化論のほうを担当し

ていて研究指導をしている、というのが基本的な仕事です。大学院生がどうやったら自立した研究者になれるか、というのがぼくの仕事の課題で、調査研究の仕方、まとめ方、論文の書き方を教え、彼らが書いてきたものに対して「てにをは」レベルから赤ペン先生のように直したり、ということを普段やっています。

ぼくの『勉強の哲学』という本も、ビギナーに対してどうやって研究を教えていくかを普段から考えていて、そのなかで出てきたアイデアを拡張して「勉強」というキーワードで包んで出した、というものです。普段の教育活動と直結しているものです。

基本的には哲学・思想をベースに、文化論的なものも展開していますが、とにかく「書く」ことが仕事なので、「書くこと」そのものについてもいろいろと考えています。

瀬下 島根県から来ました、瀬下翔太といいます。ぼくは島根県西部にある津和野町というところに住んでいます。そこでＮＰＯ法人 bootopia という団体をつくって、高校生向けの下宿屋を運営しています。

……といっても謎すぎると思うので少しだけ説明すると、ぼくが暮らす町には、島根県立津和野高等学校という高校があります。この学校は、森鷗外《もりおうがい》や西周《にしあまね》が通っていた藩校・

養老館《ようろうかん》が母体でもあり、町の人たちもすごく思い入れがあるんですね。ところが少子高齢化の影響で生徒数が減ってしまって、統廃合されてしまうかもしれない。そこで「地方で学んでみたい」という都市部に暮らす中学生を集め、入学してくれた生徒たちを県の寮や、うちのような下宿で面倒をみています。

千葉　画期的なプロジェクトですね。しかし、大変な責任ですね、それは……。

瀬下　そうですね。こちらに暮らすあいだは保護者の代わりというか、家族のようなところもあるため、大変な面もあります。ただ、真面目なことばかり考えていたわけでもなくて、事業を始めたきっかけのひとつには、生徒たちがいない時間に本でも読んでのんびり過ごしたい……という悪い考えも（笑）。高校生は、昼間は学校ですから。

千葉　なるほど！

読書猿　いいなあ!!

瀬下　生徒にも読書好きの子がいるので、楽しいですよ（笑）。ぼくはもともと東京で仕事をしていたのですが、島根県に移住していまの事業を始めてみて、地域活性化と教育って意外と相性がいいんだなあと気づかされました。

千葉　文科省に好まれそうな人材だと思う！（笑）

瀬下　いやはや（苦笑）。下宿の話をしたのは、みなさんよりも「書くこと」に対してややアマチュア的だということを伝えたかったからです。少しライターや編集の仕事をしたり、「Rhetorica《レトリカ》」＊4という同人をやったりもしているのですが、文章に関しては本当に悩みばかりです。いま特に困っているのは、思い入れの強い対象について書こうとしたり、自分が書きたい文章表現に取り組んだりすればするほど、うまくいかなくなってしまうということです。文科省ではありませんが、町役場に提出する事務的な文書をつくるときには、そ

＊4　Rhetorica《レトリカ》　思想／建築／デザインを架橋しながら批評活動を展開するメディア・プロジェクト。インディペンデント・マガジン『Rhetorica』を発行している。

れほど苦労しないのですが（笑）。というわけで、今日はこうした悩みや課題を共有したり、自分がアウトライナーのようなツールを使って、それをどのように乗り越えようとしているかを紹介したりできたらと思います。どうぞよろしくお願いします。

読書猿　〝インターネット老人会〟から参りました、読書猿と申します。瀬下さんは91年生まれと伺ったんですが、91年ってぼくがMacintoshを買った年だったんですよね。それで97年くらいからですね、「読書猿」というメールマガジンの配信を始めました。

千　葉　97年からやっていらっしゃる⁉

読書猿　はい。メルマガは10年ほどやってからしばらく休んでいるんですが、同じく「読書猿」の名前でブログ[*5]を始めて、約20年インターネットでものを書いてきました。本も2冊、『ア

＊5　ブログ「読書猿 Classic:between/beyond readers」

イデア大全』と『問題解決大全』[*6]というものを書かせていただきました。これは知的生産的な本だと思われているんですが、ぼくは「苦手科目の克服」が趣味でして、自分の苦手な部分ばっかり書いているんですよ。今日の「書くこと」というテーマはもっとも苦手なことのひとつなので、これは行かなきゃいけないだろう！　と。この苦しみを分かち合いたいと思って来ました。

ところで、91年にMacintoshを買ったと言いましたが、Acta[*7]というアウトラインプロセッサのソフトが当時発売されていて、すぐに買ったんです。

問題解決
ビジネスや人生のハードルを乗り越える
37のツール
大全
読書猿
THE PROBLEM SOLVING

千　葉　ああ！　ありましたね！

読書猿　だからアウトライナーとの付き合い自体は長いんですが、使ってはうまくいかずに諦めて、しばらく他のものに浮気して、また戻ってきて……を繰り返して現在に至る感じでして。

＊6　読書猿『問題解決大全』（フォレスト出版）　困難や窮状を「問題」として捉え、その対処法や目標へ到達するための方法を集めたテクニック集。『アイデア大全』と同じく技法の実践例や有用性だけでなく、その歴史的・思想的背景まで紹介されている。

＊7　Acta　1986年にリリースされたMacintosh用のアウトラインプロセッサ。

みなさんも紆余《うよ》曲折あったと思いますので、どうやって現在にたどり着いたかの話ができたらいいなと思います。企画的には、むしろその紆余曲折のほうがおもしろい気もしますね。

文章を書くのは本当に苦手でして、だから……書けたときが奇跡なんですよ。奇跡なので、それがどんな言葉であっても、いま書いているものとはなんの関係もないフレーズであってもメモしておかないといけない、その奇跡が次にいつ出てくるかわからない。それがいまの、原稿の書き方のベースになっています。ただ、苦手なんですが書きたいものはたくさんあって、計算したら、どうも生きてるあいだに間に合わないな、と(笑)。

千葉　ブログだけでも、いろいろなジャンルのネタが膨大にありますよね。

読書猿　だからもうちょっと楽に書きたいので、そのヒントをいただけたらとも思っております。よろしくお願いします。

山内　山内朋樹です。京都教育大学の美術領域専攻というところで、美学や美術史を教えています。ぼく自身がもともと庭師だったこともあり、庭づくりや剪定《せんてい》なんかも教えています。フランスにジル・クレマン*8というおもしろい庭師がいるんですが、その人についての研究がとりあえず専門です。学生の頃はインスタレーションの制作をしていて、その流れで石とか樹木といった具体的なモノで空間を構成する庭に興味を持って、ぐぐっと庭師にシフトした、という経緯《けいい》です。

今日の話も広義の制作を扱うものだと思うので関連してくると思うんですが、美術ってたんに一人で制作していても、それだけで求められるというものではないですよね。学生の頃はなおさら。期日も要請もないわけですからつくるにあたっての可能性は権利上無限にある。白いキャンバスを前にして、あるいはなにもない空間を前にして、制作者はそこになにを置いてもいいし、その開始時点を延々と後退させることもできる。初手に必然性を持たせる手がかりがほとんどなくて、なかなか手をつけることができなかった。

ところが庭の世界に移ってみると、もちろんフル稼働《かどう》している職人集団のなかに

*8 ジル・クレマン　現代フランスの庭師。小規模な庭から都市公園まで幅広いプロジェクトを手がける。実践にもとづく庭園論のほか、小説等も発表している。邦訳書に訳＝山内朋樹『動いている庭』（みすず書房）。

雇《やと》ってもらったからなんですが、施主《せしゅ》がいて、予算が決まっていて、期日が決まっている。そしてモノはしばしば動かしがたい。たとえば何トンもある巨大な岩を、数人がかりで半日かけて据《す》えたとします。そうすると「うーん、もう少しこうしたい……」と思っても、もはや動かせない。いや、できないことはないんですが、それにかかる労力と費用はすごいし、すでに全員汗だくで疲れ果てている。樹木なんかも大きいのを入れてしまったら、イメージと多少の違いがあってもある程度で仕舞《しま》いにして次に行こう、となる。こうした具体的な制約のなかでつくっていく庭のスタイルが、学生の頃の自分には美術とは随分違っているように見えて新鮮でした。ほんとは美術もきっとそうなんですが。

ともあれ作業するうえでの具体的なモノなり判断材料なりが周囲をとりまいていて、そのなかで動いていく。そこに庭の具体性とおもしろさがあるように思えたんですね。文章を書くという行為も、どうやって制約をつくりだし、配置するかが重要になってくると思うので、今日はそんな話もできればなと。

挫折と未練のアウトライナー

読書猿　では、傷を見せ合いますか（笑）。うまく書けないせいで負った傷を。

――その「準備」ではないですが、使っている、あるいは使ってきたツールについて、順番に伺っていってもいいでしょうか？

読書猿　先ほど名前を挙げたActaは、ごくシンプルな、本当にアウトライン機能だけのようなソフトだったんですが、最初は麗しい関係を築いていました。階層化できる、畳める、改稿のたびに自由に動かせる！　こんなにいいものがあるのか！　と。アウトラインプロセッサとしての最低限の機能だけだったんですけど、それが嬉しくて、Actaばかり使ってたんですよ。ToDoリストもちょっとしたメモも、なにもかもActaで書いていた時期が1、2年くらいありました。

千　葉　まとまった長い文章も全てActaのなかで完結できたんですか？

読書猿　できました。山内さんのように……（笑）。実はいまもそうで、2冊の本はアウトライナーで書きました。使ったのは別のソフトで、Tree[*9]という、フリーの基本的な機能しかないアウトライナーです。

千葉　すごい！　でもTreeって、横に展開していくんじゃなかったでしたっけ？

読書猿　あれは切り替えられるんですよ。普通のアウトラインプロセッサ的な、箇条書きとインデント、という使い方もできるんです。インデントのほうだけ使って、書いたものをコピペしてメールで送って、編集さんが整える……というふうにやっていきました。しかも、ひとつの章ごとに送ってたんですね。

千葉　章ごとに？

読書猿　後で「しまった！」と思うことも多いんですけど、なにか制限をかけないと、延々書き続

＊9　Tree　日本の開発者によるMac専用のアウトライナー。横にのびるツリー表示が特徴。2021年現在はリリースサイトが閉鎖されている。

けて太っていってしまうので。

山内　わかります。

読書猿　どこかで切らないといけない。だからそういうやり方でやらせてくれ、とお願いして、大抵はそうやってつくりました。

山内　そのやり方そのものがすごくアウトライナーっぽいですね。

千葉　一冊全体っていう最終原稿を自分の手元でつくってるんじゃなくて、まとめは編集者に投げちゃってるのもおもしろいですね。

読書猿　アウトライナーを使い始めた頃から困っていたのが、アウトラインが太っていってしまう「書き癖」でした。最初の大雑把なところから分割していくトップダウン的な使い方をしていて、どんどん詳細になっていくんですが、本来はそこで刈り取ることもしないといけないじゃないですか。でも、アウトラインを増やして太らせることを続けて、ディテールが爆発してしまって、アウトプットの文章に辿り着けなくなり、アウトライナーから少し離れました。Actaを使い出してから2~3年の、93~94年頃なので、まだ「読書猿」を始めていない時期ですね。それが1回目の挫折です。その後、Inspiration[*10]というソフトに浮気しまして。

千　葉　ああ、ありましたね！　電球のアイコンの。

読書猿　そうそう。これは、いわゆるコンセプトマップとかの図を描くソフトなんですよね。Inspirationがよかったのは、図を繋《つな》げて描いていけるんですが、それをそのままアウトラインに変換したり、もう一度図に戻したりする機能があったことですね。アウトライナーにはまだちょっと未練があって……（笑）。結局、Inspirationは3年ほど使いました。それからしばらくは、そういうツールを使わずにエディタだけで書いていました。「読書猿」メ

＊10　Inspiration　アイデアプロセッサー・プレゼンテーションツール。情報の優先順位付けや関連付けを行いマップ、プロセス図、フローチャートなどの作図に利用された。2021年現在もWindows用、クラウド用が提供されている。

ルマガの時代はだいたいエディタなんですね。ひとつひとつが短いので、書けるときにわーっと書いてしまっていて、あまり構造を考えたりする時間はありませんでした。

その後、大学院にもう一度行くことになりまして、論文を書かなきゃいけないと。卒論は手書きの時代だったので、コンピュータで論文を書かないといけないという初の状況に四苦八苦しつつ、どうしても構造的な文章を書く必要があって、アウトライナーに戻ってきたわけです。そのときは、思いついたことを殴り書きで書き出して、ちぎって項目＝箇条書きにしてからアウトライナーに入れて、アウトライナー上で「くっつくのはこれとこれで……」という、ボトムアップ的というか、下から組み上げていくようなやり方をしていました。ただ、これはめちゃくちゃ効率が悪かった……。

ちなみに、論文はWordで出せというんですね。Wordの悪口は始まったら2時間くらい止まらなくなってしまうので、ここではやめておきます（笑）。

このような変遷を経て、いまはアウトライナーに戻ってきました。

いかに「制約」をつくり出すか

山内　ぼくは、最初の頃はやっぱりWordで（笑）。構想も手書きメモなんかでちょっとは考えていたと思うんですけど、とにかくWordで頭から書き出していく。しかし途中で大変なことになってきて、書いては消し書いては消しを繰り返しながら少しずつ使える部分が増えていく、という書き方をしていました。たとえば1、2、3節があるとすると、だいたい3節あたりでポシャってしまうような残念な書き方でしたね。アウトラインっていう発想がそもそもありませんでした。

千葉　ぼくもそうだった！　多くの大学院生がそうだと思う。

山内　少し安心しました（笑）。その後、Evernote[*11]を使うようになってからは、Evernoteにメモをとったり資料を溜《た》めたりして、それを参照しながらWordで書く形になりました。アウトライナーを使うようになったのはけっこう最近で、ここ2、3年のことなんですよ。ようやくEvernoteとWordのあいだにアウトライナーが入りました。

＊11　Evernote　「すべてを記憶する」をキャッチコピーとするメモアプリ。テキスト、手書きメモ、画像、PDF、Webクリップ等を一元保存し一括検索することができる。

千葉　アウトライナーは最初はなにを使ったんですか？

山内　最初からずっとWorkFlowy[*12]ですね。それまでは、アウトライナー的なことはやったとしてもEvernoteでやってました。Evernoteで箇条書きをつくって入れ替えたりして、それを見ながらWordでいきなり起こしていく。庭の論文を書くことも多いので、そのときは庭の図面だったり図表だったりも一緒にEvernoteに入れておいて、それを見ながら書き起こしていっていました。とにかくぼくはWordからできるだけ離れたい人間で。あれは発狂するんですよ！

読書猿　発狂しますよね！（笑）

山内　まずは見た目で発狂するんです。たとえば青土社の『現代思想』に寄稿することになった

＊12　WorkFlowy　“Organize your brain.”をキャッチコピーとするシンプルなアウトライナー。階層的なアウトラインはもちろん、箇条書きやメモなどにも使うことができる。

とすると、なぜか原稿そっちのけで『現代思想』誌面とほぼ同じフォーマットになるように見た目をいじり倒してしまうんですね、Wordだと。「なにやっとんやろ？」とか思いながら（笑）。ですのでWordに到達するのをできるだけ遅らせることがぼくの第一命題です。

瀬下　書き上がった原稿がすでにあって、それをWordにコピペするだけ、という感じにしたいですよね。

山内　そうですそうです。

読書猿　ところが、そんなにうまくいかない。

山内　そうなんですよ。それでWorkFlowyをあいだに挟むようになったんです。彩郎《いろどろう》さん[13]や倉《くら》

＊13　彩郎　ブログ「単純作業に心を込めて」でWorkFlowyを中心としたデジタルツールの効果的使用にもとづく知的生産の技術を紹介。著書に『クラウド時代の思考ツール WorkFlowy入門』（インプレスR＆D）。

下忠憲《したただのり》さん*14の記事なんかを参考にしながら。WorkFlowyを使い始めてよかったのは、とにかくユーザーインターフェイスが固定されていること。そもそもアプリ側の自由度が低いじゃないですか。あれがもう本当に助かりました。

読書猿　制約がないとどれだけ苦しいかの証左ですね。

山内　ぼくのなかでは「制約の創造」こそがとにかくテーマで。

千葉　それですね。ぼくも美術出身だからひじょうに共感します。

山内　WorkFlowyは見た目が固定されているというその一点がまず大きいですね。使い方としては、まずは思いついたことをどんどん放り込んで箇条書きをつくっていき、並べ替えをしながら、最初に言ったように徐々に段落化していく。それがほとんど

*14 倉下忠憲　ブログ「R-style」でEvernoteやScrapboxといったデジタルツールの効果的使用にもとづく知的生産の技術を紹介。著書に『「やること地獄」を終わらせるタスク管理「超」入門』『すべてはノートからはじまる　あなたの人生をひらく記録術』（ともに星海社新書）など。

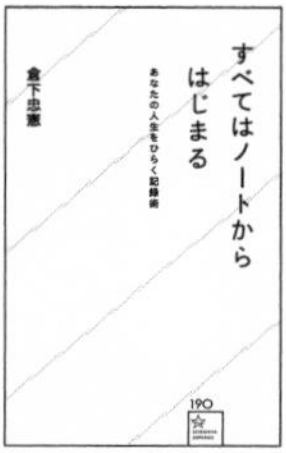

完成原稿になったらWordにコピペして出す、という時期がありました。とはいえ、これを言い出したらキリがないんだけど、WorkFlowyにはトピック間の並べ替えの自由度の高さがあるじゃないですか。なので完成原稿近くまで持っていくような使い方をすると、この新たなフレキシビリティにまた発狂しそうになるんですね。「ここはこうしたほうがいいんじゃないか?」ってとこがいっぱい出てくる……。

千葉　順序の合理性とかね。

山内　そうそう。そういう使い方にうんざりしていた頃に、ちょうど『メイキング・オブ・勉強の哲学』と「レヴィ＝ストロースはざっとドラフトをつくるんだ」という趣旨《しゅし》の読書猿さんのブログ*15を読んで、またちょっと書き方を変えることができました。現時点ではEvernoteはほぼ倉庫化していて、普段思いついたことはMemoFlowy*16というWorkFlowy

*15　ブログ「読書猿」：書きなぐれ、そのあとレヴィ＝ストロースのように推敲しよう／書き物をしていて煮詰まっている人へ

*16　MemoFlowy　WorkFlowyへのテキスト入力に特化したメモアプリ。

用のメモアプリに書いてWorkFlowyに投げるようにしています。そうしてWorkFlowyのInboxトピックに溜まってきたものをたまにざっと分類して、原稿依頼やなにか〆切が来たら頭に日付をつけてプロジェクト化する。

ちょうどいいタイミングでstone[*17]というこれもユーザーインターフェイスが限定的かつ美しいアプリが出たので、いまはWorkFlowyの箇条書きでだいたいのところまで進んだらstoneで一気にドラフトを書くようにしています。あとは『メイキング・オブ・勉強の哲学』で紹介されていたWorkFlowyでの高解像度分析をとり入れて、stoneのほうでざーっと書きながら詰まったところはWorkFlowyでもう一度考える。

千葉 アウトライナーで自己分析、論点の分析をするということですね。

山内 ですね。というわけでぼくのアウトライナー人生は短いです。最初はいまいちよくわからなくてけっこう放置していた時期もあったので、ちゃんと使いだしてからは1年くらいですかね。

*17 stone 日本語を書くことに主軸を置いたシンプルな外観のMac専用テキストエディタ。

千葉　WorkFlowyよりも前の、それこそActaまでは古くないけど、OmniOutliner[*18]なんかは使ってなかったんですか？

山内　使ってないですね。OmniFocus[*19]は使ったことがあるんですけど、ややこしすぎて。

千葉　ああ、ＧＴＤ[*20]の。

読書猿　あれ、いろんなことができすぎますよね！　だからぼくはファイル変換だけに使ってます。他のところから持ってきて、なんでも読み込みたいとき。

＊18　OmniOutliner　アウトライナー。現在「OmniOutliner 5」がリリースされている。

＊19　OmniFocus　OmniOutlinerをリリースしているアプリソフト開発会社The Omni Groupによるタスク管理アプリ。ＧＴＤに最適化されている。

＊20　ＧＴＤ　Getting Things Doneの略。コンサルタントのデビッド・アレンが提唱したタスク整理・管理の技法。タスク＝「やらなければいけないこと」を収集→処理→整理→レビュー（更新）→選択・実行の5ステップでストレスフリーに消化することを目指す。

一同　なるほど……！

山内　ともあれ、ぼくにとってはユーザーインターフェイスが固定されていて、かつ美しければベストなんですね。

千葉　インターフェイスが固定、有限化されているというのは、あまり言われないけど大事なんですよね。でもって、ちょうどよくキレイな感じだとなおよい。要するに、キレイな部屋で仕事したい。

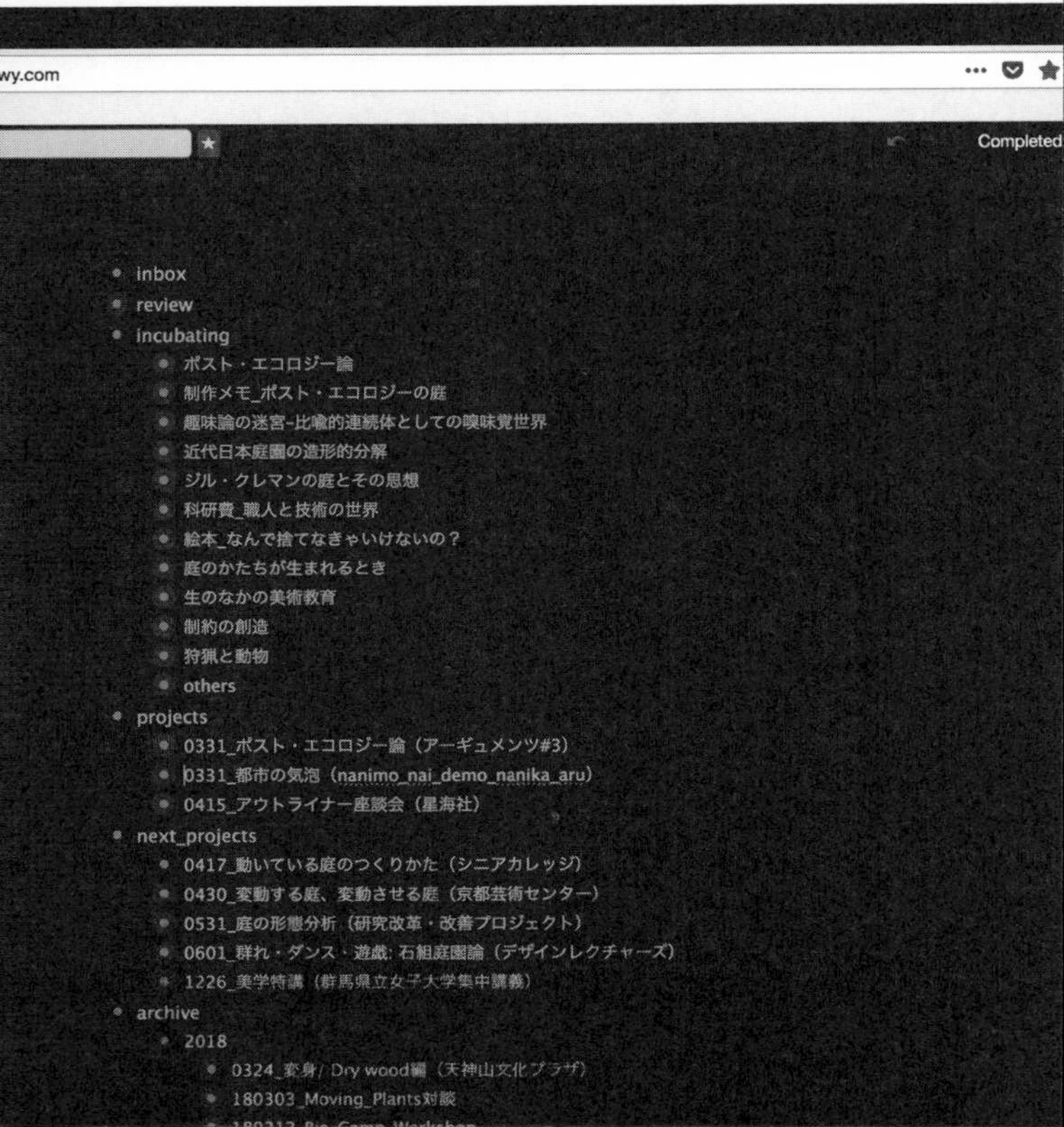

wy.com
Completed
inbox
review
incubating
ポスト・エコロジー論
制作メモ_ポスト・エコロジーの庭
趣味論の迷宮-比喩的連続体としての嗅味覚世界
近代日本庭園の造形的分解
ジル・クレマンの庭とその思想
科研費_職人と技術の世界
絵本_なんで捨てなきゃいけないの？
庭のかたちが生まれるとき
生のなかの美術教育
制約の創造
狩猟と動物
others
projects
0331_ポスト・エコロジー論（アーギュメンツ#3）
0331_都市の気泡（nanimo_nai_demo_nanika_aru）
0415_アウトライナー座談会（星海社）
next_projects
0417_動いている庭のつくりかた（シニアカレッジ）
0430_変動する庭、変動させる庭（京都芸術センター）
0531_庭の形態分析（研究改革・改善プロジェクト）
0601_群れ・ダンス・遊戯: 石組庭園論（デザインレクチャーズ）
1226_美学特講（群馬県立女子大学集中講義）
archive
2018
0324_変身/ Dry wood編（天神山文化プラザ）
180303_Moving_Plants対談

書かな!」みたいなときに限って形式をいじり始めてしまうってことないですか? 試験前日になぜか部屋の大掃除を始める子みたいに。「脚注のポイントはやはり9より8なのでは?」とか「やっぱりこのフォントを試してみよう」とかやっちゃう。

千葉 やりますよね。ぼくも『ユリイカ』の原稿を書くために、同じフォント、イワタの「明朝体オールド[*21]」を買いましたから(笑)。

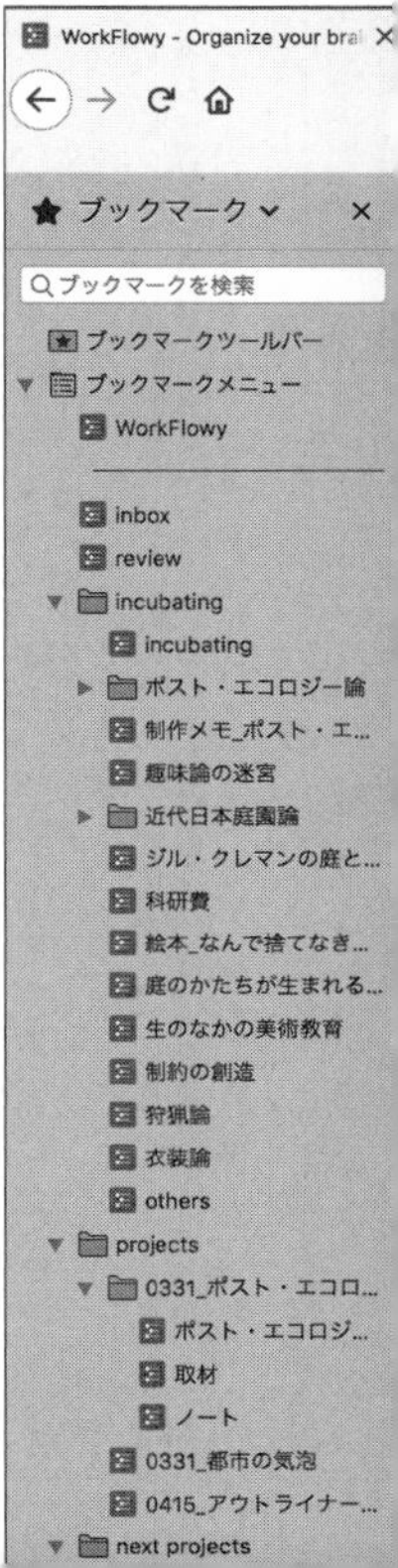

山内さんのWorkFlowy画面。進行中/着手予定のプロジェクトなどが並ぶ。(2018年3月撮影)

フリーライティングの衝撃

*21 イワタ明朝体オールド 活字の雰囲気を持つレトロ系明朝体。

千葉　遡《さかのぼ》っていうと、ぼくの実家はデザイン会社だったんですよ。地方の広告代理店……広告代理店と言っても、スーパーマーケットのちらしとか、地元の会社のパッケージとかですが、途中から少しインターネット系の事業もやり始めた、そういう会社でした。その会社はぼくが修士のときに潰れてしまって、実家が破産してしまい、それからしばらくは大変でした。

実家がデザイン会社だった時代に、父親からいろいろな影響を受けました。1991年、ぼくが中学に入った頃にMacintosh LCが出て、それを買ってもらってMacで遊び始めたんですね。DTP[*22]を会社に導入したこともあって、中学生というかかなり早い時期からAldus PageMaker[*23]を使えていて、夏休みの自由研究なんかはPageMakerでデザインして出していたんです。あ、いや、最初はエルゴソフトのEG Book[*24]だったかな。

＊22　DTP　Desktop Publishingの略。PCでデータ作成し、プリンターで印刷する出版形式。かつては活版印刷や写真植字が行われていたが、とくに日本では2000年代からレイアウトデザインソフトのAdobe InDesignを使用したDTPが印刷・出版の主流となった。

＊23　Aldus PageMaker　アルダス（現アドビ）がリリースしていたDTPソフト。のちのAdobe PageMaker（最終バージョンは2001年リリース）。

＊24　EG Book　1987年にリリースされたDTPソフト。

瀬下　文章そのも

千葉　とにかくD
で書いてい
きには、Q
たのも、当時の人文系の本がかっこよかったことの影響があります。戸田ツトム系のデザインで。

　実際、小学生のときには、「DTPで出しました」という戸田ツトムの『森の書物』[*27]を父親からプレゼントされて、「これを見て勉強しろ」ってDTPの英才教育を受けたんです（笑）。だから、脚注を付けたりするとカッコいい、というところを

＊25　QuarkXPress　Quark社がリリースしているDTPソフト。

＊26　戸田ツトム　グラフィック・エディトリアルデザイナー。2020年没。編集者・松岡正剛が設立した出版社・工作舎へ入社し、その後独立。DTP黎明期に卓抜した装幀・エディトリアルデザインを手がけたことで知られる。装幀を手がけた書籍に島田荘司『眩暈』（講談社）、ジル・ドゥルーズ『差異と反復』（河出書房新社）など。

＊27　戸田ツトム『森の書物　DTP最前線、書物…新世紀へ。』（ゲグラフ・河出書房新社）　戸田ツトムによるDTP作例集。刊行当時は非常に先駆的だった、PCでデータ作成された書籍。池澤夏樹とのコラボレーション『都市の書物』（太田出版）、DTPとCGを駆使したアートブック『DRUG　擬場の書物』（太田出版）とあわせて書物（DTP）三部作とされる。

入り口にして、そこから研究者の道に進んだという感じすらあります。

――脚注を付けたかった？

千葉　そう！　とにかく脚注が付けたかった！　後注とかじゃなくて、傍注とかをカッコよく付けたかったたんですよ。とにかくぼくはガワから入っていって、そこからだんだん中身が伴っていった感じの研究者人生なんです。もともと美術作品をつくっていたこともあって、見た目にどうしても左右されてしまう。最近は、とにかく見た目に左右されずに文章を書く方向に大きくシフトしましたが、文章の視覚性に対するこだわりを脇に追いやることにはだいぶ苦労しました。

というのが昔の話で、一時期からはWordを使うようになりました。エディタはJedit[*28]を使っていて、大学の頃はJeditで書いてWordで提出するという流れでしたね。だけど大学1、2年の頃の駒場のレポートはまだ、Quarkを使って縦書きで出してました（笑）。3、4年からだんだん「アカデミックっていうのはそういうことじゃないんだ」と気づき

*28　Jedit　アートマン21がリリースしているテキストエディタソフト。

始め、Wordで横書きで出すようになった。卒論もWordで横書きだったかな。あ、卒論のときは一時的にNisus Writer[29]ですね。でも、結局Wordに落ち着いた。Wordを使う凡庸さにはだんだん馴染《なじ》んでいったけれど、WordのなかでもDTP的なことをどうしてもやってしまうんです。字詰め調整とか、実際の掲載媒体と同じレイアウトにしようとか。

Evernote登場前は、やっぱりゼロから、頭から書こうとしていてすごく苦労していました。当時のアイデア出しは手書きですかね。ノートに箇条書き的なメモを出して、あとはぶっつけ本番です。白紙でWordで書くか、エディタで書いていました。Evernoteの登場後は、資料をまずEvernoteに溜め込むようになり、かつEvernote上でメモをとるようになった。原稿の書き始めもEvernoteになりました。Evernoteで第1節くらいは書いてしまう。その段階でWordに持っていって、続きを書くというスタイルです。

スタートダッシュをまずEvernoteで、みたいな期間が長かったですね。ただ、スタートダッシュにものすごく苦労したんですよ。まず最初の3、4行を書くのに、3、4日くらいかかってしまう。その3、4行がかっこよく決まらないとダメ。それはすごく美学的な基準なんですけど、まずかっこいい文章じゃなきゃいけない。そのうえで意味的にも

＊29 Nisus Writer　Mac用ワープロソフト。

完璧でなければいけない、というハードルを満たしてくれないと先に進めない。バッカバッカ煙草を吸いながら、3日くらいすごい顔をして書くんですよ。でもそれができると、最初の完成度に促されるようにして、不思議とその先が出てくる、みたいな書き方でした。

次もそういうやり方でできるだろうと信じてやっていたんですが、だんだん苦しくなっていって、これじゃ続かないなと。書き方を変えなければという自覚はずっと持っていて、その後2016年からWorkFlowyを使うようになります。

とはいえ、そのときは書くためにアイデア出しをするという独立したプロセスがなかったんですよね。適当にノートに書くくらいで。アイデア出しをアイデア出しとしてやっていませんでした。強いていえば、それをやっていたのがツイッターだったんですよね。ぼくはツイッターに仕事上のアイデアをかなりそのまま書いていて、それを発酵させて原稿にしたりしていたので。ただ、ツイッターって人目に触れるし、始終ツイッターで考えていることを書くわけにもいかないから、ツイッターの代わりになるものが欲しかったんですよ。それで「ツイッター」「代わり」とかで検索したときに、なぜかWorkFlowyが出てきた（笑）。

山内　Google すごいですね（笑）。

千葉　本質的な検索結果ですよね。それで WorkFlowy にたどり着いたんですよ。飛ばしてしまったけど、その前には章立てを考えるために OmniOutliner は多少使っていました。

読書猿　構成を考えるため？

千葉　それが大きかったです。ツイッターのようなアイデア出しとしては使っていませんでした。WorkFlowy は、1か所に全部アウトラインを入れておくという、Evernote のようなワンライブラリーな発想がまずおもしろいなと思いました。最初は彩郎さんの詳細な解説で使い方を知って、その後 Tak. さんの『アウトライナー実践入門』[＊30]を読んで衝撃を受けたんです。アウトラインプロセッサには章立てをつくるものというイメージがあったんだけど、Tak. さんの本には、自由に書いて、好きなように「シェ

＊30　Tak.『アウトライナー実践入門　「書く・考える・生活する」創造的アウトライン・プロセッシングの技術』（技術評論社）　WorkFlowy や Word のアウトライナーとしての使い方、アウトライン・プロセッシング＝書きながら考え、考えながら書く技法と実践を紹介している。

イク」しながら使うんだ、大雑把に使うんだということが、つまりフリーライティングのすすめのようなことが書いてあって、目から鱗《うろこ》でした。フリーライティング的にアウトライナーを使うというのは、ぼくにとってアウトライナーの存在価値をまったく変えてしまうくらいの衝撃があったわけです。

自分が書いているのは「しょぼいもの」

瀬下 ぼくが最初に意識して使ったツールは、高校生の頃にダウンロードした紙copi[*31]です。これはEvernoteのようなソフトウェアで、ウェブ上のコンテンツを素早くローカルで取り込む機能を持っていました。当時のぼくは紙copiを使って、おもしろいニュースや2ちゃんねるのスレッドを保存して編集する……いわゆるまとめブログを運営していました。当然ながら、メインのコンテンツを自分で執筆するわけではありません。誰かの書いたもの

＊31 紙copi　1999年から公開されているウェブスクラップソフト。なお、製作者のソフトウェア作家・洛西一周氏は、ScrapboxやGyazoといった知的生産ツールを開発するNota株式会社でCEOを務めている。

にちょっとしたコメントを付したり、ＨＴＭＬやＣＳＳのタグを打ったり。文章に能動的に関わる体験は、これが初めてだったように思います。

Wordやメモ帳のようなエディタも使っていましたが、紙copiで原稿をおおよそ整えたあとは、ブログサービスのエディタ上で直接テキストを触っている時間が長かったです。プレビューを押すと、すぐに最終的な見映えを確認できるところがおもしろくて。テキストのガワに強い関心があったという意味で、千葉さんと似ているところがあるかもしれません。

自分で文章を書いてみたいと思うようになったのは、そのあとです。浪人していた頃にはてなダイアリー[*32]や2ちゃんねるで東《あずま》浩紀《ひろき》さんを知り、いろいろ批評文を読むようになったことがきっかけです。それからは、人文系の人が書くようなカッコいい文章を書いてみたくなりました。

千葉　蓮實《はすみ》重彦《しげひこ》や松浦《まつうら》寿輝《ひさき》みたいに、長く読点で続けていく感じですか？

＊32　はてなダイアリー　株式会社はてなが運営していたブログサービス。２００５年頃からインターネット上の議論空間として影響力を持ち、「はてな論壇」とも呼ばれた。２０１９年にサービス終了し、「はてなブログ」へ統合された。

瀬下 そこまで息が長いものでなくとも、どこか文芸批評らしい文章を書いてみたいなと。ただ、大学に入ってから何度か見様見真似で書いてみたものの、全然ダメでした。自分の文章は一文が短くて文の構造が単純すぎるし、文と文の連なりは箇条書き的で、逆にそれを気にすると今度は接続詞が多くなりすぎてしまう。ブツブツ切れて、バラバラです。

ぼくは自分の文章のこうした特徴を、ずっと「パワポ」みたいだと表現していました。それを2年前くらいにブログに書いたら、[*33] 千葉さんが反応してくださって。

千葉 あの記事はすごく参考になりました。

瀬下 ありがとうございます。「パワポ」という言葉は、はじめ先のように自分の文章の悪い部分を指すために使っていました。しかし、いまはポジティブな意味で使っています。「パワポ」には、いままさに自分が生成しつつある文を「しょぼいもの」といったん割り切る機能があるからです。ビジネスマンが、ちょっとした文法の誤りや誤字脱字を気にせず、

＊33 ブログ「ほんのめも」：文を生成することが辛いひとの文章執筆プロセス

適当にPowerPointに打ち込んでいる文と同様に、自分が書いている文もしょぼい。それでもいいのだ、ひとまず書けるものを書いておけばいいんだから……そんなニュアンスです。些細《ささい》なことのようですが、「パワポ」という言葉のおかしみも、気楽にやればいいんだという気持ちを支えてくれるように思います。

現在では、まず「パワポ」をつくるつもりで執筆を始めるようにしています。ツールとしては、WorkFlowyのトピックやツイッターのフォーム、iPhoneのメモ、Keynoteのスライドなど、気が向くところにひたすら文字列を打ち込む。「パワポ」がある程度の分量になったら、テキストエディタのmi*34やScrivener*35といった本格的なエディタにコピペして、既存のメモを編集しながら追記していくような形で執筆を進めます。ちなみに、このやり方で書くようになってから、批評文ではありませんが、少し息の長い文章も書けるように

*34 mi　macOS用のテキストエディタ。コーディングに役立つ機能を備えるが、検索・置換や正規表現にも優れており、文章執筆や編集にも便利。

*35 Scrivener　文章執筆に特化したアプリケーション。いわゆる本文を書くことだけではなく、アイデアの整理から資料収集までをサポートし、多くの作家や研究者に愛されている。あまりに多機能なツールであるため、向井領治『考えながら書く人のためのScrivener入門［ver.3対応 改訂版］小説・論文・レポート、長文を書きたい人へ』（ビー・エヌ・エヌ新社）という入門書も出版されている。同書ではSF作家の藤井太洋氏やミステリ作家の天祢涼氏、そして千葉さんのインタビューも掲載されている。

なってきました。

千葉　長く書くんだったら、アウトライナーじゃなくてエディタでもいいんじゃないですか？

瀬下　いきなりエディタに向き合うと「さあ、この真っ白な紙に、君の作家性をぶつけてごらん」みたいなことを言われている気がしてきて、なにも書けなくなってしまうんですよね。伝わるかわからないですが、WorkFlowy のトピックくらい狭々しくて、ちょっと事務的なUIの場所のほうが安心するといい

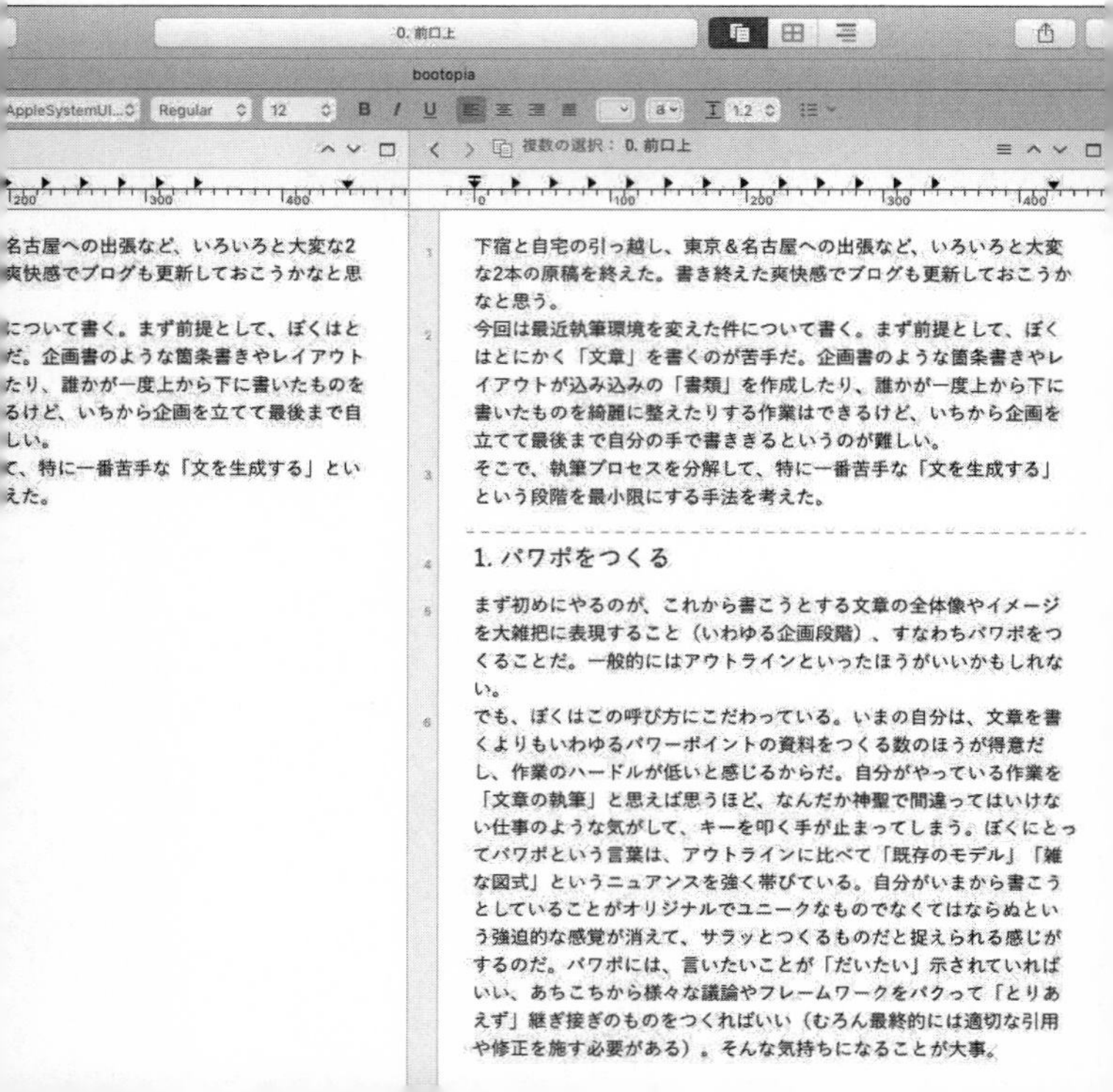
0. 前口上
bootopia
AppleSystemUI...
Regular
12
複数の選択：0. 前口上
下宿と自宅の引っ越し、東京&名古屋への出張など、いろいろと大変な2本の原稿を終えた。書き終えた爽快感でブログも更新しておこうかなと思う。
今回は最近執筆環境を変えた件について書く。まず前提として、ぼくはとにかく「文章」を書くのが苦手だ。企画書のような箇条書きやレイアウトが込み込みの「書類」を作成したり、誰かが一度上から下に書いたものを綺麗に整えたりする作業はできるけど、いちから企画を立てて最後まで自分の手で書ききるというのが難しい。
そこで、執筆プロセスを分解して、特に一番苦手な「文を生成する」という段階を最小限にする手法を考えた。
1. パワポをつくる
まず初めにやるのが、これから書こうとする文章の全体像やイメージを大雑把に表現すること（いわゆる企画段階）、すなわちパワポをつくることだ。一般的にはアウトラインといったほうがいいかもしれない。
でも、ぼくはこの呼び方にこだわっている。いまの自分は、文章を書くよりもいわゆるパワーポイントの資料をつくる数のほうが得意だし、作業のハードルが低いと感じるからだ。自分がやっている作業を「文章の執筆」と思えば思うほど、なんだか神聖で間違ってはいけない仕事のような気がして、キーを叩く手が止まってしまう。ぼくにとってパワポという言葉は、アウトラインに比べて「既存のモデル」「雑な図式」というニュアンスを強く帯びている。自分がいまから書こうとしていることがオリジナルでユニークなものでなくてはならぬという強迫的な感覚が消えて、サラッとつくるものだと捉えられる感じがするのだ。パワポには、言いたいことが「だいたい」示されていればいい、あちこちから様々な議論やフレームワークをパクって「とりあえず」継ぎ接ぎのものをつくればいい（むろん最終的には適切な引用や修正を施す必要がある）。そんな気持ちになることが大事。

ますか……。

千葉　なるほど！

読書猿　わかるわかる。

山内　メモの延長みたいにしたいんだ。

千葉　作家的な文章を書きたいんだけど、「仕事の文章と作家的な文章のあいだ」みたいな視点がある。自由な作家に羽ばたくための補助輪みたいなものとして、トピックがあるということでしょうか？

瀬下　まさにそうですね。トピックを補助輪として使うようになって、だいぶ自由になりました。原稿に取り掛かる際に、３００〜５００字くらいのユニットをサッとつくれるようになったので。

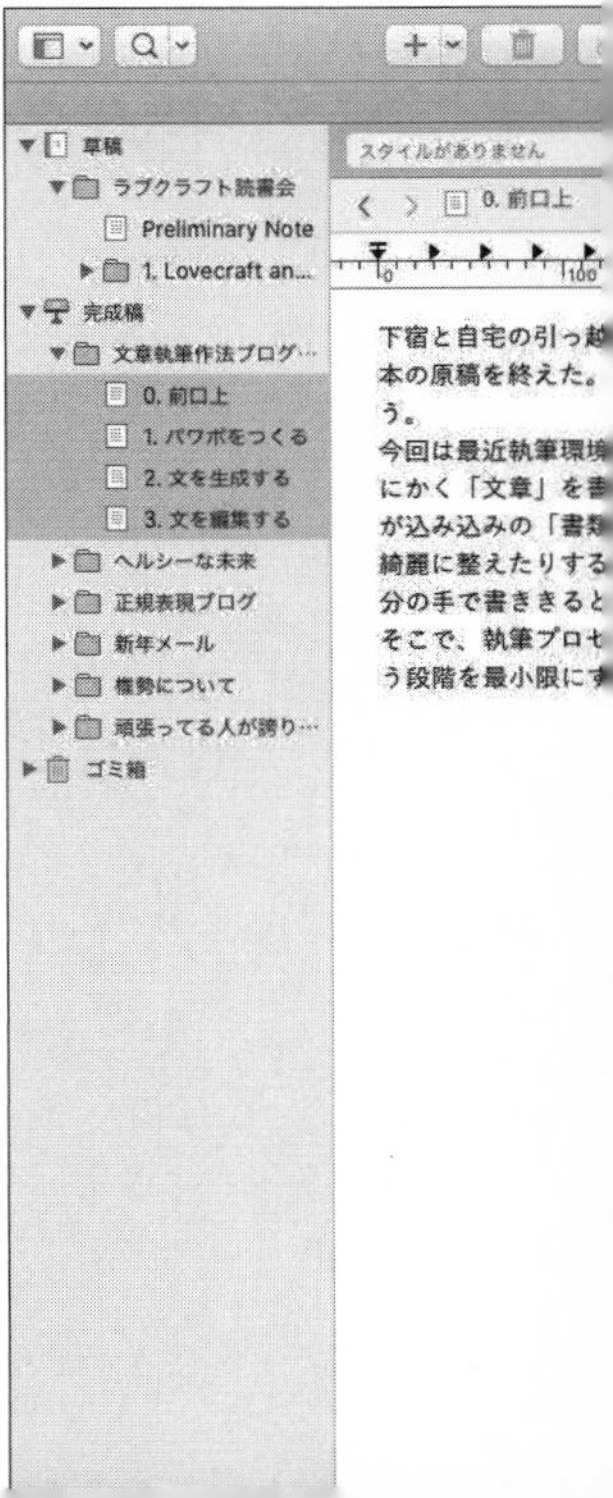

瀬下さんの「パワポ」記事執筆過程。ここではScrivenerを使用。（2018年3月撮影）

千葉　300〜500字続いたら、そこそこ量ありますよね。

瀬下　はい。いままでは1ツイート分、140字も書いたら限界でした。最初に数百字まとまった内容があると、書き進めやすいです。

SECTION.2

制約と諦めのススメ

文章は飛躍していい！

千葉　ツイッターの140字って、本当にちょうどいいですよね。絶妙な長さだと思います。

瀬下　連投もおもしろいですよね。なにかの話題について文頭に①、②、③とか書いてツイートしていると、エディタに書くよりも明らかに速く、多くの内容を出力できるように思います。同じことをエディタで書いたら、文と文が繋がっているか不安になって、「そして」とか「また」とかの接続詞が気になったり、文末処理に悩んだりして進まない。ツイッターだとそんな細かいことは忘れて、スラスラ書ける。

千葉　話の順接ってけっこう難しいんですよね。逆接は当然、意味的に生じるけど、順接は「そして」とかで繋いだり、あいだを別の文で埋めたりしないといけない……と思いがちだけど、なくていいんですよ！　思ってるほど「順接の繋ぎ」って必要なくて、ふたつのことをごろっと繋げるだけで、人はそれをなんとなく読んでしまうんです。

瀬下　連ツイのように、いくつかのツイートがただ隣り合っているだけでも、意外と意味は通りますよね。

千葉　そう、通る。人はそこで「繋がってねえよ」なんて突っ込まないんですよ、実は。

瀬下　そこに自分で突っ込んでしまって、不安に苛《さいな》まれることが多いです。この話は忘れないでおきたいなあ。

千葉　ぼくも自分自身に言い聞かせてきたことなんですよ。

瀬下　WorkFlowy でアイデア出しをしているときにも、文と文の関係性に囚《とら》われてしまい、無意味にトピックをくっつけたり切り離したりしてしまうことがよくあります。新しいトピックをどんどん書き足すことがいちばん大切なのに。連ツイの心を思い出さなくちゃ。

千葉　文章が下手でも、「ゴロッ」「ボツッ」と書いているだけでできちゃうんですよね。ある種の文章の巧さの観点からすると、一瞬「直さなきゃいけない」って思っちゃうんだけど、実はそれは意外に味があって、話も通っていたりする。

　昔の人の文章を読むと、けっこうボツボツしてますよね。柄谷行人《からたにこうじん》や、それこそ小林《こばやし》秀雄《ひでお》なんかも、文章はかなり飛躍している。参考になりますよ。やっぱり現代になればなるほど、論理展開はみるからにスムーズであるべきだという規範が強まっていますよね。

山内　それについては、エディタが出てきたことが大きいんじゃないかと思ってます。書いて消して挿入してを繰り返すことで流れを制御しようとするし、実際できてしまう。

瀬下　とても共感します。カットアンドペーストが簡単なので、文章全体を俯瞰《ふかん》して、論理を調整することに腐心しがちですよね。

段落革命

山内　あと、たぶんツイッターやアウトライナーを使いだしてから一段落が短くなりましたね。

瀬下　やっぱりそうなりますか⁉　誰でも息が短くなるものなんですかね。

千葉　その影響はすごくある気がします。

山内　2、3行で区切るようになって……昔はもっと厚みのある段落をつくっていた気がするんですけど。最近はパッパッと切れてる感じがします。

千葉　ぼくも前は段落が長くて、『思想地図』[*36]に書いたときに東浩紀さんから、「ぼくの好みなん

*36　『思想地図』　東浩紀と北田暁大が編集を務めた思想誌。『思想地図β vol.1』（合同会社コンテクチュアズ）に「インフラクリティーク序説――ドゥルーズ『意味の論理学』からポスト人文学へ」（千葉雅也）が掲載された。

だけど」って言って「もうちょっとここ、段落分けたほうがいいよ」という指導を受けたことがありました。東さんはやっぱり読みやすさを考えて短くするんですよね。その影響を受けて、一時期「あ、もっとここ、段落切れるな」と意識するようにはなりましたね。

山内　段落が短くなったのは革命的な変化だとぼくは思っています。それによって多分、思考の展開そのものも変わったんだと思うんですよ。一段落が長いとそのなかで思考がうねるじゃないですか。それがあまりなくなって段落間で起こるようになったんじゃないか。

書き方でいちばん変わったのは、とにかく気散《きさん》じ状態で書くようになったこと。普通、論理的に難しいところは集中してパソコンの前でじっくりやるイメージがあると思うし、ぼくもどちらかと言えば頭かきむしるタイプですけど、いまは基本的に、隙間時間に思いついたことをスマホにポンポン入れていくなかで突破することが多い。じゃあパソコンの前に座れるタイミングではなにをしているかというと、一般的な印象とは逆にトピックの整理なんかをしている。

基本的に整理することで書く、という状態にしているんですね。WorkFlowy の Inbox に溜まってきた短文を整理して、増えたらまた整理して、を繰り返しているうちにあるまとまりとしての文章ができてくる。集中して書かないといけないように思われる発想の起点や難所の鍵は、たとえば電車のなかで書いた断片のなかにあるんです。

千葉　じゃあ、アイデア出しはもうほとんどスマホなんですか？

山内　だいたいそうですね。気散じ状態でMemoFlowyに書いてしまう。その底には中毒というか依存によって書く、ということがあると思います。煙草を吸ってしまうようにスマホをいじってしまって書いてしまう。アイデアが出

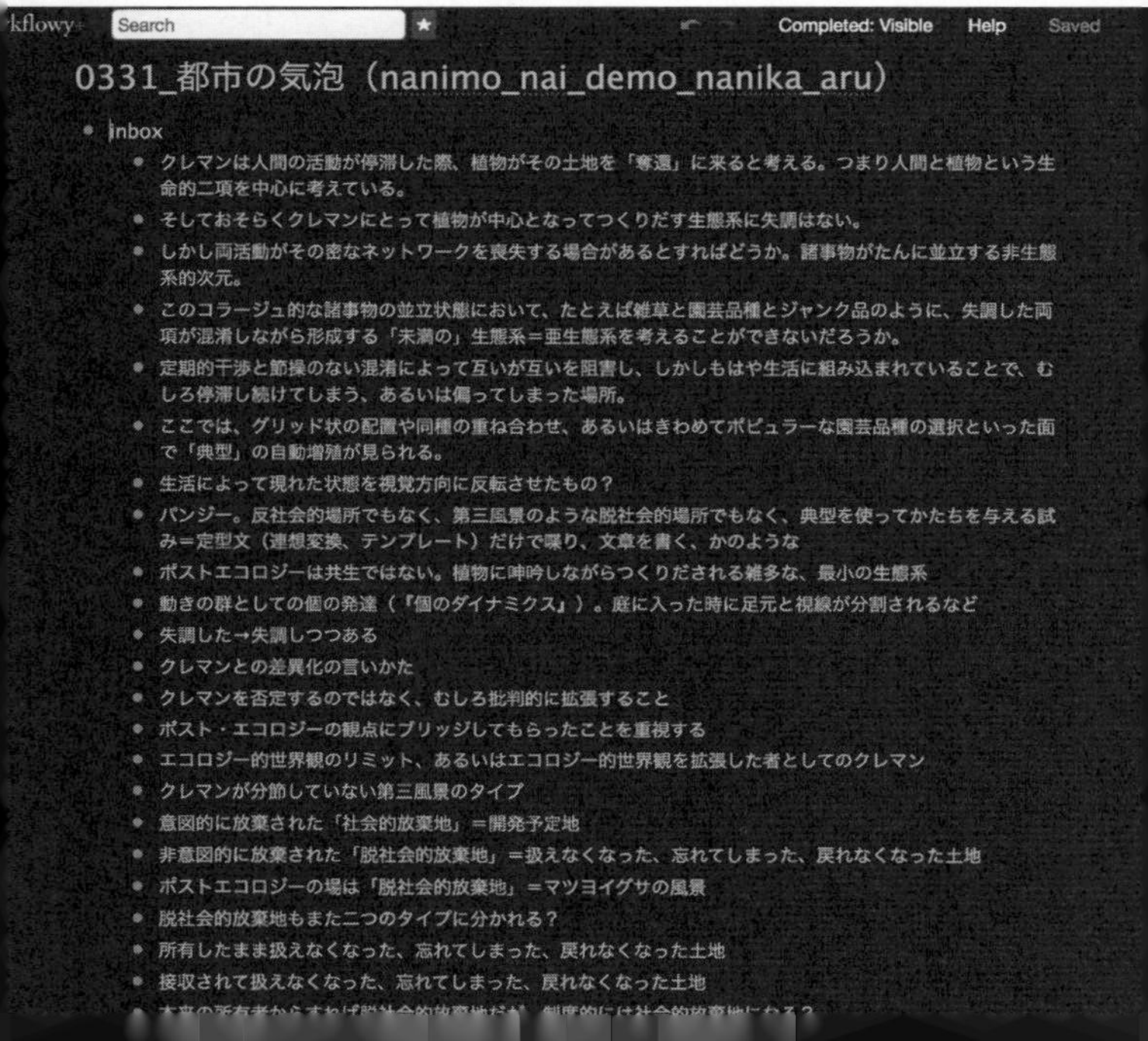
kflowy
Search
Completed: Visible
Help
Saved
0331_都市の気泡（nanimo_nai_demo_nanika_aru）
inbox
クレマンは人間の活動が停滞した際、植物がその土地を「奪還」に来ると考える。つまり人間と植物という生命的二項を中心に考えている。
そしておそらくクレマンにとって植物が中心となってつくりだす生態系に失調はない。
しかし両活動がその密なネットワークを喪失する場合があるとすればどうか。諸事物がたんに並立する非生態系的次元。
このコラージュ的な諸事物の並立状態において、たとえば雑草と園芸品種とジャンク品のように、失調した両項が混淆しながら形成する「未満の」生態系＝亜生態系を考えることができないだろうか。
定期的干渉と節操のない混淆によって互いが互いを阻害し、しかしもはや生活に組み込まれていることで、むしろ停滞し続けてしまう、あるいは偏ってしまった場所。
ここでは、グリッド状の配置や同種の重ね合わせ、あるいはきわめてポピュラーな園芸品種の選択といった面で「典型」の自動増殖が見られる。
生活によって現れた状態を視覚方向に反転させたもの？
パンジー。反社会的場所でもなく、第三風景のような脱社会的場所でもなく、典型を使ってかたちを与える試み＝定型文（連想変換、テンプレート）だけで喋り、文章を書く、かのような
ポストエコロジーは共生ではない。植物に呻吟しながらつくりだされる雑多な、最小の生態系
動きの群としての個の発達（『個のダイナミクス』）。庭に入った時に足元と視線が分割されるなど
失調した→失調しつつある
クレマンとの差異化の言いかた
クレマンを否定するのではなく、むしろ批判的に拡張すること
ポスト・エコロジーの観点にブリッジしてもらったことを重視する
エコロジー的世界観のリミット、あるいはエコロジー的世界観を拡張した者としてのクレマン
クレマンが分節していない第三風景のタイプ
意図的に放棄された「社会的放棄地」＝開発予定地
非意図的に放棄された「脱社会的放棄地」＝扱えなくなった、忘れてしまった、戻れなくなった土地
ポストエコロジーの場は「脱社会的放棄地」＝マツヨイグサの風景
脱社会的放棄地もまた二つのタイプに分かれる？
所有したまま扱えなくなった、忘れてしまった、戻れなくなった土地
接収されて扱えなくなった、忘れてしまった、戻れなくなった土地

てくる。

千葉　ツイッターでアイデア出ししてるときって、ぼくもそういう状態ですね。煙草が切れてきたらまた吸いたくなるのと一緒で、頭のなかに常にツイート欲みたいなものがあって、ちょっとした、思いついたことをすぐツイートしちゃうわけですよ。

山内　依存によって書く感覚はけっこうありますね。

千葉　それがそのまま仕事に直結してしまえばいちばん楽なので、そういうワークフローをつくる方向に向かったんですよ。

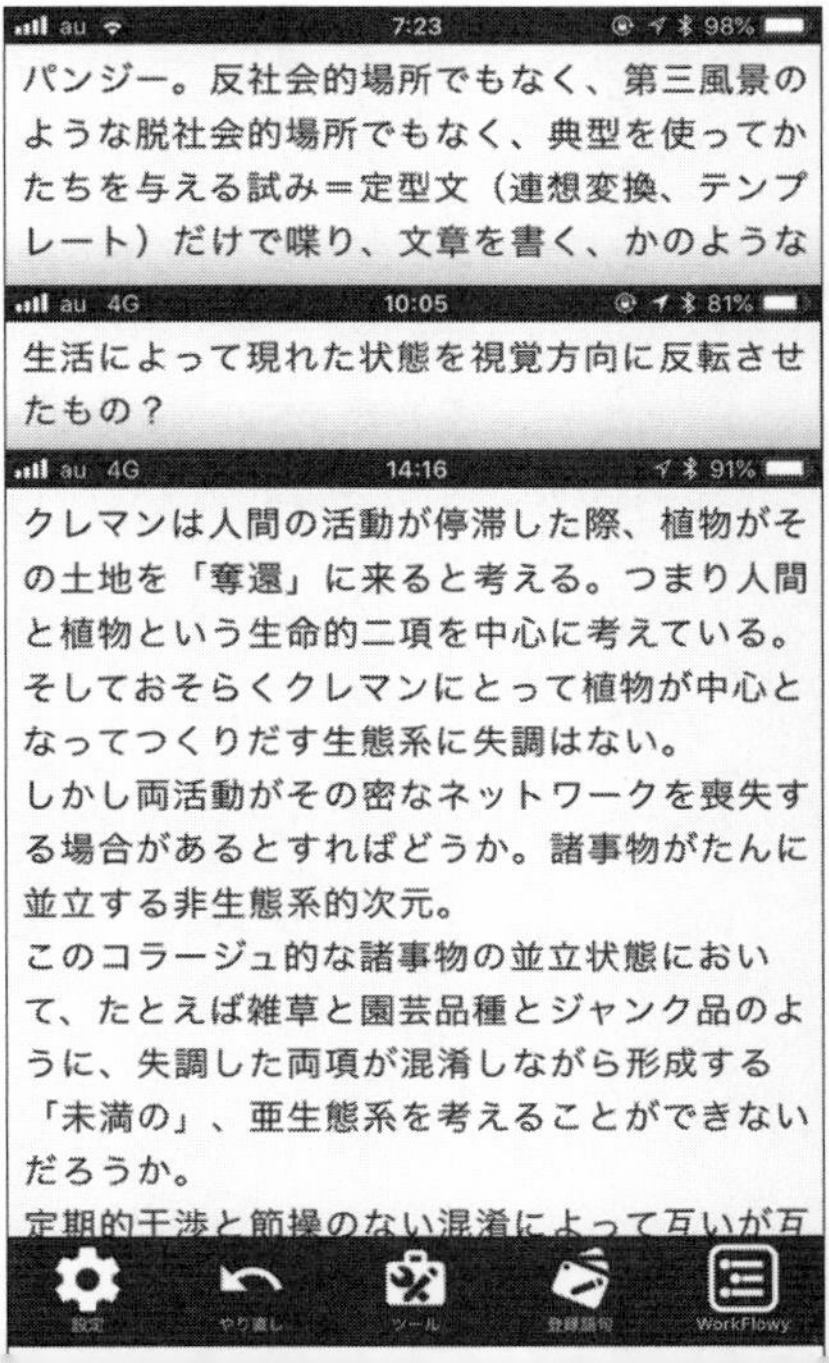
au 7:23 98%
パンジー。反社会的場所でもなく、第三風景のような脱社会的場所でもなく、典型を使ってかたちを与える試み＝定型文（連想変換、テンプレート）だけで喋り、文章を書く、かのような
au 4G 10:05 81%
生活によって現れた状態を視覚方向に反転させたもの？
au 4G 14:16 91%
クレマンは人間の活動が停滞した際、植物がその土地を「奪還」に来ると考える。つまり人間と植物という生命的二項を中心に考えている。そしておそらくクレマンにとって植物が中心となってつくりだす生態系に失調はない。
しかし両活動がその密なネットワークを喪失する場合があるとすればどうか。諸事物がたんに並立する非生態系的次元。
このコラージュ的な諸事物の並立状態において、たとえば雑草と園芸品種とジャンク品のように、失調した両項が混淆しながら形成する「未満の」、亜生態系を考えることができないだろうか。
定期的干渉と節操のない混淆によって互いが互
設定
やり直し
ツール
登録語句
WorkFlowy

山内さんの WorkFlowy 画面。スマホから MemoFlowy を用いてアイディアを送っている。（2018 年 4 月撮影）

感情から文章を生み出すには

瀬下　依存によって書く、ということとは少し違いますが、自分は感情によって書くことがあります。たとえば、なにか憤りをおぼえることがあったら、その気持ちに身を任せ、思うところを一気に書ききってみる。書き終わるとだいたい気分が落ち着いているので（笑）、冷静な気持ちで「怒り」の部分を削り取ってあげる。そうすると、結果的にひとつの文章ができあがっている……というような。こういうやり方はみなさんもしていますか？

千葉　感情込みで考えていることが出てくることはありますよね。たとえば「よくわかんないな」とか「モヤモヤするなあ」とか「イライラするなあ」とか思って文章が書けないときには、そのモヤモヤやイライラのことも一緒に書いてしまうのも手なんですよ。後でその部分をカットすればいい。だから「書けないなあ」とか「これ、よくわかんないんだけど」とか語りおろしみたいに書いてしまって、すると途中から実質的な内容が始まったりする。

山内　めったにないんですが、たとえばいざこざがあったりして言いたいことを抱えると、本当に送るつもりでメールをしたため始めてしまうことがありますね。結局送らないんですが。

瀬下　自分も、ときどきあります。

山内　これがこうなってるからあれはこうでこうなの！　みたいなことを勢いでガーッて書くんですけど、とにかくメールを書くのって時間がかかりますし、結局は流れを整理しますから、書きながらスーッと冷静になってくる。見えていなかった相手の理路や自分の間違いも浮かび上がってきますし、自分は本当はなにを伝えようとしていたのか、とか、いろいろ見えてくるんですね。それが腑分《ふわ》けに繋がり、メールを送る必要性そのものを消滅させてしまう。

読書猿　穴掘って叫ぶ、みたいな感じでしょうか。『アイデア大全』で「バグリスト[*37]」という悪口

*37　バグリスト　嫌なこと＝バグを10分間でとにかく書き出すアイデア発想法。不快なことをリストアップすることで気分転換し、またそれらを解決する方法を考えることでアイデアの種とする。

を書く方法を提唱したんですが、ぼくはそういう人間なんですよね。悪口だったらいくらでも出てきて、そこから「じゃあ、これが嫌なんだったらお前はどうしたいの?」と掘り下げていくことでアイデアや書きたいこと、書くべきことが見つかっていくんですよ。

瀬下　おもしろいですね。なにかしら自分の心を動かす要素を出力できれば、あとはなんとかなる、という感じでしょうか。

読書猿　ぼくは、とにかく書ければいいので、怒りであっても言葉が出てきたら尊いんですよ。残さざるを得ない。人にはもちろん見せられないでしょうけど。

「無能さ」でフィルタリング

読書猿　そういえば、ぼくはいまアウトライナーからあまりコピペをしないことにしてるんです。書き捨てたものはまたいつか出てくるだろう、っていう発想なんですよね。

山内　アウトプットを1回通しておくと。

読書猿　アウトライナーのなかに1個目のアウトラインができますよね？　わあっと膨れ上がって、どうしようもなくなって、捨てる。で、ゼロから書くんです。

千葉　捨ててゼロから！　おもしろいですね。

読書猿　それをもう1回、わあぁーっと書き出して、また捨てる。これはなにをしているかというと、自分の「無能さ」でフィルターにかけてるんです。詳細化して自分の手に負えなくなったアウトラインは捨ててしまってゼロから書き出すと、自分の頭のなかに書ける範囲のものだけが残ってるんですよ。

瀬下　忘れてしまっても、気にしないんですか？

読書猿　そうですね。本当に捨てると泣きそうになってしまうから、残ってはいるんですけど、見ずに書ける範囲で書くことで切断している感じです。

千葉　時間をおいて、もう1回というのが大事なんですか？

読書猿　そうです。なにを捨てるか捨てないか、自分の無能さでフィルターがかかる。ぼくがいちばんアウトライナーで困ったのが、やっぱり枝払いをどこでやるかです。

千葉　ああ……際限なくなりますからね。

読書猿　枝払いのいちばん大きな形は、忘れて、ゼロから書くこと。最初はスカスカなものしかできないですよ。でも、また自分でも手に負えないくらいの刺激がどこかでくる。ぼくはアウトラインプロセッサを執筆の複雑さをコントロールする装置だと思っていて。折りたたんで見えなくする機能もその一要素ですが、その究極の形がいっぺん捨てて書き直すことなんじゃないかなと。

千葉　言われてみると、ぼくもそれをやってますね。ある程度アウトラインを書いて、そこからさらに洗練させたいときに、順序を入れ替えたりする作業ではもう追いつかないなということがあるんですよ。そのときはそれはアーカイブに取っておいて、何日かおいてからもう1回イチからそれに類似したアウトラインを書いてみる。ある程度頭に残っているから、そんなに時間はかからない。で、よりシンプルで太いアウトラインになるんです、枝葉末節がなくなって。「自分の無能さでフィルタリングする」っておもしろい表現だと思いますけど、そのときに自動的にある種の有限化が働いて、構築性が高くなる。

山内　たしかにそれで強い構造が見えてくることはありますね。ぼくは貧乏性なのでアウトライナーからドラフト書きに入るときにいったんコピペしちゃうんですが、そのまま文にしようとすると詰まるので、アウトラインを見ずにドラフト化する、みたいなことをやることがあります。そうすると話が全然違うほうにいったりもするんですけど、骨格みたいなものがぐっと出てきて意識化される。失敗することもあるんですけど。

読書猿　「KJ法」ってあるじゃないですか。カードにアイデアを書き出して、平面に展開して、並べ替えて、関連を考えていくA型（図解化＝KJ法A型）と、それを文章化するB型（叙述化＝KJ法B型）があって、A型からB型に移すのが大事とされています。ぼくも、図を描いてもう一度アウトライン化することは最初はソフト（Inspiration）に任せたんですけど、自分の手でやるようにすると、形式を変えるときに前のバージョンのアウトラインでは見えていなかった、自分が欲しかったアイデアが出てくる。だから、詰まったら形式を変えるのが大事。ただ、アウトプットのひとつ前の状態として、形式変化の最後の受け皿はアウトラインにすべきだとも思います。

瀬下　なるほど。自分の場合、アウトライナーに箇条書きで記録したものを友達に見せながら話す、ということをよくやっています。言ってみれば、これも文字で書いたものを会話に形式変化させているようなものかなと。

読書猿　でも、友達いなくなるんですよ……。アイデアを出すため

KJ法とは、文化人類学者の川喜田二郎が提唱した、多数の情報を分類し図解化・文章化を行うアイデア発想法。画像は読書猿さんによる文字情報整理サービス・Scrapboxを利用したKJ法の例。

に、ちょっと朗読したいから聞いてくれって頼んでばかりいると。『よだかの星』を読みます」「勘弁してくれ」みたいな（笑）。

瀬下　朗読はヤバいですね（笑）。ぼくは他の形式変化として、アウトライナーの内容を手書きの図にしたり、一部を切り出して仲間内のチャットグループに貼り付けたりしています。図をつくれば別の考えも出てくるし、仲間はコメントをくれる。なにかしら形式変化を行うと、こうした副産物が生まれるところがおもしろいですよね。

「書かないで書く」？

千葉　なるほど。アウトライナーを使い始めたことによる変化の話にまた戻って言うと、気散じ状態でつくるという山内さ

Feb 18, 2020 (2)
コンピュータ
ブログから
フェミニズム
未整理
幾何学
Capture
Create

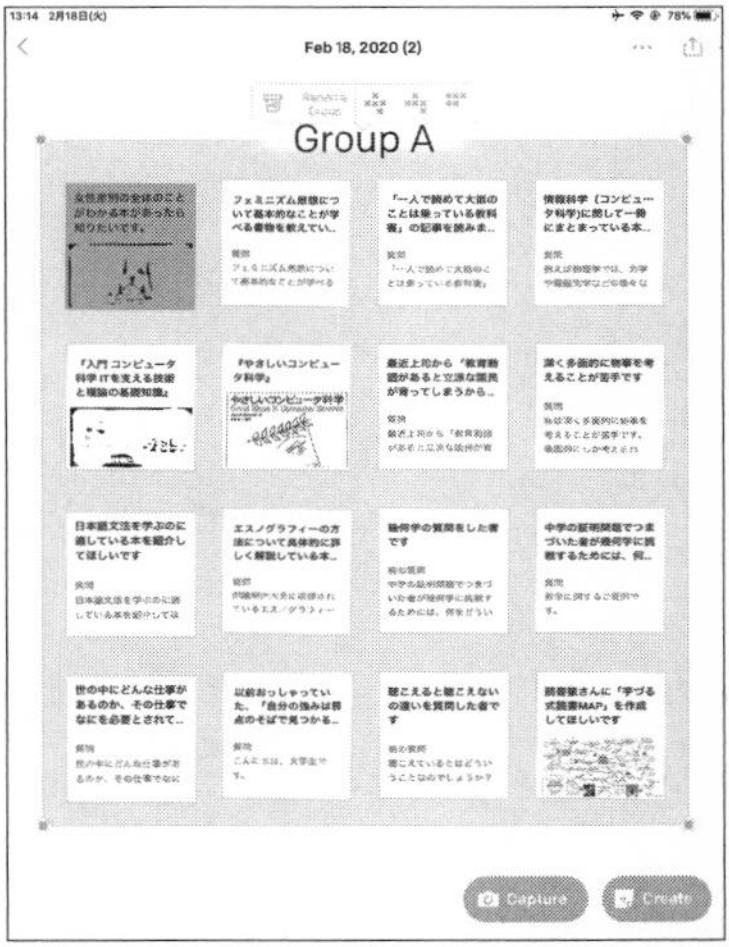
Feb 18, 2020 (2)
Group A
Capture
Create

んの話はぼくもそう。それによって、仕事をすることの認識自体が変わりましたね。いまのぼくにとって仕事をするとは、基本的にアウトライナー上でフリーライティングをすることです。それって、重い腰を上げて「よし、やらなきゃ」というものではない。そこがポイントで、喫茶店でちょっとゆっくりしてるときとかに、いま頭のなかで思っていることを全部、ジャンルもごちゃまぜでWorkFlowyにどんどん書いてしまうわけです。「えーっと」とか「今日はフリーライティングしてみるわけだけど」とかもひとつひとつ全部、箇条書きにしていくんですよ。そうやって書いていると、だんだん思考が凝縮されていって、電話しないといけなかったことを思い出したり、カレンダーに入れ忘れていた用事が出てきたりと、仕事が発生してくる。

文章を書くときに構えてしまうことを突破するために、ぼくは以前「書かないで書く」というキーフレーズを考えたんですが、それは要するに「規範的な仕方で書かない」という意味なんですよね。脱規範化するためには、「そんなの書いてるうちに入らない」くらいの雑な書き方であっても書いてしまえばいい。

最近はこの考え方を生活のいろんな場面に応用しています。「脱規範的に○○する」を「○○しないで○○する」というふうに言ってみることでいろいろと思いつくんですね。たとえば筋トレをしに行くときも、必ずこの順番できっちりメニューをこなさなければいけないと思っていると続かないので、なんとなく肩やりたいな、とか、この辺が凝ってるからラットプルダウンからやるか、というノリで始めると、その後スムーズにメニューに入れる。そのことを「筋トレしないで筋トレする」と言ってみる。こうやって撞着《どうちゃく》的な言い方で考えることを実践しています。

そのフレージングを大きく使うと、フリーライティングをすることで仕事に入っていくのは、ぼくにとって「仕事しないで仕事する」という感じなんですよ。仕事をしている意識がないまま、ただメモをとる。しかも、やりたくないことではなくて、やりたいこと、考えたいことからメモをとる。そうすると芋づる式に、考えたくなかったはずのことも、その業務に入ることができる。だからすごくストレスが低減するんですよね。

山内　ぼくも「煙草を買いに行く」みたいなしょうもないことも全部 WorkFlowy に入れていくんですよ。実際忘れてしまうんで。さっきちょっと出てきましたけど、GTDってあるじゃないですか。あれは朝にちゃんと集中する時間をとってアウトプットするものですけど、あれをいろんなところで、ふわふわっとしたなかでやってしまう。

千葉　それは本当にそう！　ぼくもＧＴＤのやり方に革命が起こったという実感を持っていて、以前はOmniFocusを使ってタスク出しをやってたんですけど、続かないんですよ。ただでさえ重たくて機能が多いアプリだし。だからWorkFlowyで、執筆にまで繋がるような状態のなかで、ＧＴＤ的なタスク出しを同時にやってしまうと自然とＧＴＤも回るし、意識せずにできちゃうんですよね。ＧＴＤは朝にちゃんと時間をとって、頭を空っぽにしろっていうんですよね。デビッド・アレンの本によると。

読書猿　空っぽにするんだったら、その場その場で出していったほうがいいと思ってしまう。

山内　しかも時間をとって向き合うってことがかなり規範的で、それが負荷になっていくし、一日やらなかったら罪悪感もあるし、無理が出てくるんですよね。だからWorkFlowyの中にＧＴＤにもある程度対応するようなトピックを立てておいて、なんでもかんでもInboxに放り込んでおいて後で振り分けるスタイルになってますね。

瀬下　仕事に対する「構え」を消していくことって大切ですよね。

山内　ですね。あとぼくの場合は原稿の書き始めの負荷を下げるとともに、ちゃんと終わらせるってことも重要なテーマで。内容的にも期日的にも。なので依頼が来たらその時点でトピックの頭に〆切の月日を明示したり、下位トピックの冒頭にこの原稿の文字数や方針といったメタ情報のトピックを立てたりするんですよ。原稿があらぬ方向に向かってぐちゃぐちゃになっていったり、〆切間近になっても全体を顧《かえり》みずに同じ箇所をひたすらこねくり回したりしないように、常に意識しておいたほうがいいメタ情報を可視化しておく。ほとんど行動療法的にこの問題には対処しています。

　見た目の美しさにこだわって設定をいじってしまうというのはすでに言いましたが、他方、店じまいの局面で、全体の目処《めど》も立っていないのにちょっとした言い回しを書き換え続けてしまったり、いつまでたっても原稿から手を離せなかったりするんですね。「もっともっと」と要求している。この「もっともっと」にはよく足を掬《すく》われる。だから、どうやって一刻も早く原稿のプロトタイプ、つまりは「準-原稿」みたいなのをつくってしまえるかということに意識を向けるようにしています。

瀬下　はじめに原稿の外枠をある程度決めておくことで、原稿を「閉じられない」ようなリスクを減らすという感じでしょうか。

山内　まさしくそれです。

もっと良くなるはず……「幼児性」と〆切

読書猿　どこかで断念しないと、完成しないじゃないですか。10あるうちの3くらい書けて、本当は8くらい書いたほうがいいんでしょうけど、最後はどこかで断念する。……その飛躍は「なにを諦めるか」「どこで諦めるか」みたいなのがあると、文章としてやっとできてくる。

千葉　「断念」にはどう到達してます？

読書猿　時間のような外的な要因もありますけど、さっき言った「自分の無能さでフィルタリング」

のように、自分の手に負える範囲を知ることですね。『百科全書』[*38]の序文でダランベールが「世界はあげられないけれど、この百科全書は世界地図だ」ということを書いていますが、本当に書きたかったことの全てを書くのは無理でも、切り口なら見せることができる。切り口を出せれば、それは全体のうちの一面でしかないけれど、そこで今回は諦めようと思えるんじゃないかと。だから、切れたらどんな切り方であってもそこで諦める。切り口を見つける作業は、石をぶつけ合って石器をつくるようなものですね。ほとんどコントロールができないので、結果的に切り口は小さいこともあれば、一冊の本になるくらいに大きなときもある。『アイデア大全』もまたひとつの大きな切り口、つまり石をぶつけ合ってできた断面なんです。ただ、このやり方のダメな点は、分量の調整ができないことです。あるテーマにおいて、たまたま生まれた形で文章のボリュームが決まってしまうので。しかも、レイアウトに落とし込むことをまったく考えずにアウトライナーだけで書いていると、分量が全然見えてこない！

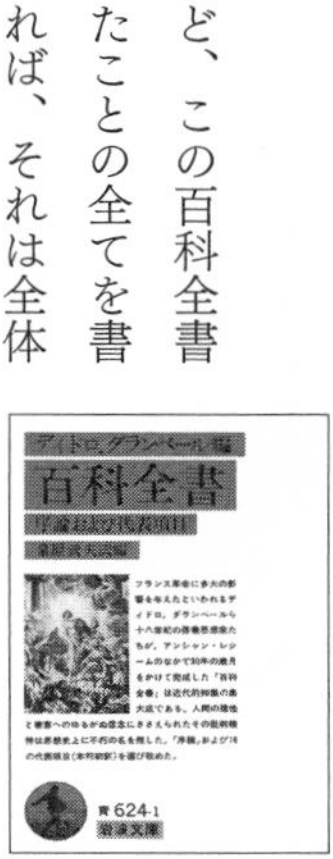

*38 『百科全書』 18世紀にフランスの啓蒙思想家であるディドロとダランベールらが編纂した百科事典。桑原武夫訳編『百科全書　序論および代表項目』（岩波文庫）などで序文の邦訳を読むことができる。

瀬下　ああ、確かに。

読書猿　構造として、文章の成り立ちや「ここにはこれが要るんだ」ってことは見えるんですけど、全体としてどれくらいの量になっているかは、実はわからない。だからとんでもないことになってることが多い。つまり、あまりプロっぽくない書き方をしてしまっているということなんですが、断面が見えさえすればいいんだと割り切ってしまっています。

千葉　そうですよね。でも、なかなかそれが難しい。京大の人文研でフーコーの研究会をやっているんですが、そこでアウトラインプロセッサの話から始めてフーコーの自己のテクノロジーについて論じる発表をしたらけっこうウケて（笑）。けれどそのときに、司会の小泉義之《こいずみよしゆき》さんから「でもやっぱりこの有限化ってことをね、強いて考えるというのは、そもそも千葉さんは全てを書けると思ってるからでしょ？」と突っ込まれました。小泉さんは「全てを書けない」と。

つまり小泉さんは最初から「書けない」と思えてるんだなと、逆に思うわけです。全てを書けると思っちゃうっていうのは、ある種の自分の万能さという幻想だと思うけれど、逆に「全ては書けないんだ」って思い切れるかと言うと難しい。

読書猿　そう、そこが難しいんですよ！

千　葉　でも、小泉さんって噂《うわさ》によれば〆切の1ヶ月前とかに仕上げられちゃったりするらしいんでね。

山　内　それは大人ですね……。自分の場合、根底にあるのは「もっともっと」と要求する「幼児性」ですね。これは認識していて、しかしそれを手放すことができない。だからいつまでも移行対象をいじり続けようとしてしまう。結局、原稿にとっての最大の有限化装置って〆切じゃないですか。〆切直前に急に書けてくるときがありますよね。「うお、なんかすげー繋《つな》がってきた！」みたいな。これって実際は〆切が近づいてきたことによって、不要な部分や現時点では実現不可能な部分が落ちていって、今回はこれだけしかできないという限定的な形が明確に見えてくる、そのことで筆が走るってことだと思うんですよ。だから結局は幼児性を捨てて、その「諦め」をどれだけ前に持ってこられるかってことだと思う。

千葉　でも、1ヶ月前にそうなるって欲がなさすぎるよ（笑）。

瀬下　大変うらやましいですが、ちょっと特殊なタイプではないでしょうか。これから自分が書く原稿に対する期待値が正確すぎるというか……。

千葉　特殊だと思うよねえ。こういう話をおもしろがってくれる人は多いと思うんですけど、それはおそらくなにかの完成度をもっと上げたいという幼児的な欲望を持っている人が多いということですよね。でも、できないわけですよ。そしてそれは多分、けっこう普通なことだと思うんですよね。だから小泉さんはすごい。やっぱりデカルト主義者だからですよ。デカルトはすごい。

山内　根底にあるのはデカルトだと。

千葉　そうそう。全てを疑った挙句、自分が考えてるってことから始めるしかないだろ！　できることをやるだけだ！　みたいな。「森で迷ったら真っ直《す》ぐ歩け」「どこかには着く！」という（笑）。

読書猿　ぼくはデカルトのなにかの書評を書いたときに、ウィトゲンシュタインの「哲学は涙をこらえるのと同じくらい難しい」という言葉を引いたんですよ。書いているときにはそんなに諦められないよ、デカルトみたいにと。ぼくは実は学科が哲学科だったんですよ。そして、「哲学なんかできないよ」ってそこから離れてしまった自覚があるんです。バシッと決断はできない、幼児性だと自分でも思いますが、全部欲しいんだよと。

千葉　「大全」ですからね。あらゆる方法論の網羅ですよね。

読書猿　本当はぼく、百科事典を書きたいんですよ。『アイデア大全』は、その第1巻ですね。でも、いまの速度ならどう考えたって書き切れないんですよ。どこかで死ぬんですけど（笑）。

瀬下　読書猿さんといえども生き物ですからね（笑）。

読書猿　でももう諦めないことを選択したというか。仕方ない、これが俺の生き方だからって受け入れました。

山内　しかしふと思ったのですが、現代だともし書き切れなかったとしても遺稿《いこう》としてアウトラインが公開される可能性がありますね。

千葉　サーバーごと消えてくれればいいんだけど（笑）。

——アウトライナーだけ残っていたら、それを喰《く》わせてAIが生成してくれたりとか。

千葉　新しい原稿を？（笑）

瀬下　自分が書いたトピックを何度も何度もいじっていると、なにが正解なのかよくわからなくなってきて、もうＡＩにやらせても大して変わらないと思うことがあります。

千葉　粘土こねこねするようなことやっちゃうもんね。

瀬下　書いた文章を何度も上に下に貼り付けて一向にフィックスしない原稿を見ていると、自分はいったいなにをやっているんだろうかと悲しくなります。

読書猿　もう、いつまでもやってしまいますよね、確かに。

瀬下　自分がWorkFlowyでトピックをいじっている画面を録画したことがあるのですが、本当にうんざりしました。ずっと同じことを繰り返しているようにしか見えません。先ほど読書猿さんがおっしゃっていたように、一度手を休めて時間をおくべきだと感じました。

山内　でも、結果的に見れば最初に書いていた文に戻っただけのことなのに、その不毛極まりない作業を通過しないとその最初の文を認められないとか、そういうのってないですか？

千葉　まあね、それを言い始めるとね。

――先ほど山内さんは、〆切が近づくことで急速に論理が組みあがっていくことがある、とおっしゃっていましたが、そこではなにが発生しているのでしょう。

山内　あの現象は〆切の現実性による「諦め」だと、ぼく自身は思っています。「もっともっと」という幼児性が働いている段階というのは、基本的には現在の自分には扱えない水準を扱おうという欲望なんだと思うんですよ。だからどうしても「まだできるはず、まだできるはず」と、自立しなさそうな粘土作品をこねくり回して肥大させ続けているような感じなんじゃないですかね。

それが〆切が迫る、あるいは過ぎちゃうと、もう現実的にできることが限られる。なにはともあれ自立するように、足を強化するとか支柱を立てるとか、あるいは方針転換して横向きに置くとかしないといけない。すると自分の現在の能力と知識の範囲内でどう組織化するかという具体の世界に頭がシフトする。主観的にはそのとき、なにかものすごい飛躍が起こってるような疾走感を覚えるんですよ。「キター!」みたいな(笑)。でも実際は、おそらくはたんに枝葉末節がとり払われたり不可能な挑戦が次回の原稿送りになったりしているだけで、潜在的な骨格がガーッと現れてくるってことなんじゃないかな、と。

この流れは嫌になるほど経験しているので頭では理解しているんですね。だけど、やはり〆切の手前の段階では、有限な形をとって原稿が現れてしまう、切り取られてしまうということに抵抗している、というか否認している。もっといえば、その合わせ鏡としての自分の人生が、ある有限な形をもって切り出されてくることを否認し続けている、ということだと個人的には思っています。たとえば学生の頃、引っ越しがすごく好きで、とにかく一か所に留《とど》まりたくなかった。そして同じ意味で「就職はしない」と決意してました(笑)。

千葉 〆切という最終の、決定的な有限化の枠を通してしか、自分の現在を有限な形をもって切り出すということができない。だからWorkFlowyを使って「もう行けんじゃね?」みたいな準-原稿ってところまで、できてるものをなるべく前倒ししてやる。それをしながら、さっき言ってたみたいに行動療法的に、自分がいま「メタ」に認識しとかないといけないことをWorkFlowyのトピックのなかに見えるようにしておく。

読書猿　たとえば火事で、荷物をひとつだけしか持っていけないような限定があると、自分の大事なモノ、「これだけは譲れない！」っていうものが見つかって、後はもういいやって思い切れる。まあ、火事と違って、〆切は延びるんですけど(笑)。

瀬下　〆切は有限性の最後の砦《とりで》、にならないこともあるという……。

読書猿　今書いてる『独学大全』も、〆切、2回くらいずれてるんで……。

千葉　ぼくも『勉強の哲学』って3回くらい延ばしたので、〆切も絶対ではないですよね……。

京大での発表のときに、ハイデガーの死への存在というのは、あれは結局人間は常に死という有限性を意識するって、要するに〆切ってことなんじゃないかと解釈したんですよ。で、ハイデガーの言っている死とは〆切のことであると言ったら「いやいやいや」と。死は超えられないけど〆切は越えられるでしょうって言われて、ということはぼくは死を〆切だと勘違いしているか〆切を死だと勘違いしているかのいずれかですねって言ったんだけど。たぶんぼくは死を〆切だと勘違いしたいんですよね。死んで無になると思っていなくて、向こう側があると漠然と思ってるんじゃないかなって気がする。

まあでも、ハイデガーの死を〆切の話だとアナロジーで考えると、ちょっとわかる感じがするんですよね。人間が行動を起こすことができるのは、リミットとの関係においてだっていう広い意味にとると、あの話ってすごく生々しい感じがして。

SECTION.3

「考えること」と「書くこと」

そもそもなにを書けばいい？

千葉 「どうしてギリギリになると書けるのか」という問いに対しては、有限化が起こるから書けるという答えはそうなんだけど、それと同時にもうひとつ思うのは、われわれってなんだかんだいって文章が書ける人間なんですよ。そもそも、「一般の読者」っていう言い方はアレだけれど、文章がそもそも書けない人、そもそも書けるってどういうことなんですかっていうくらいに話を広げると、そこはどうなんですかねっていうのはある。たとえばぼくも、規範的に書くのではなくて、ぐちゃぐちゃでもいいからとにかく最初にばーっとドラフトを書いちゃう。それは読書猿さんがレヴィ＝ストロースの書き方について書いていた記事をぼくも参考にしていて、というかあの記事はたぶんいろんな人が参考にしているんですが、そもそも最初にぐちゃぐちゃのドラフトを書くっていうこと自体ができない人がいる。むしろそのほうが大多数なんですよね。ぼくは「土石流みたいな文章を書けばいい」って言うんですけど、土石流すら出てこないんですよ、なかなか。それはどうなのかなって。

読書猿　それは教育との関係ですごくあります、あります。卒論指導とか。

千葉　とにかく書くというのも簡単ではない。

読書猿　なにかあればね、これがこうなってこうなってっていう話ができるんですが。ぼくもノンストップ・ライティングについての記事、書きましたよ。実はぼくはあれ苦手なんです。たしかに書けます。でも、そんなに続かない。10分間延々書き続けているかっていうとそんなことはなくて、「書けない書けない書けない」って1ページ。つらいですよ。じゃあこんなつらいことに対して、自分がどうしているかっていうと、瀬下さんがお話しされていた白いページへの恐怖といっしょで、枠がないとかえってフリーってできないんだと思って、「フレームド」って付けて、「フレームド・ノンストップ・ライティング[*39]」にしたんですよ。

千葉 「フレームド」はそのとおりですよね。

読書猿 まずアウトラインを分割していくことで枠、フレームをつくる。そのフレームのなかでフリーライティング、暴れ書けと。このテーマについて書ければいいし、そのときは他のフレームについては気にしないでいい、書けるだけ書けと。でもそんなに書けないですよ。10文字のときもあるし、200字も書ければ御の字です。ほとんどは1ツイートぶんも埋まらない（笑）。ぼくは本当に書けない人間なので。それでも、フレームのなかを埋めることなら執筆というよりは作業なのでまだできる。それをやっていってもうこれ以上できないとなったときに、アウトラインをもう1回俯瞰して、どこが書けていてどこが書けていないのか確かめながら、書けたところを次の展開に持っていく。ちょっとよさげなところ

＊39 フレームド・ノンストップ・ライティング　読書猿さんによるフレームド・ノンストップ・ライティングの紹介記事：最近はこんな書き方で書いている－フレームド・ノンストップ・ライティング

▼ STEP1　殴り書き

- （ノンストップライティング：一定時間止まること無く書き続ける）
- 人文書としてのビジネス書とは
- 書店で対極の位置にある書物
- 人文知の力でまともなビジネス書つくる
- バグリストを拡張してビジネス書の悪口
- 孤立した営み、接触呪術―思考は実現するのようなニューソート由来の神秘主義とは無縁だとしても、成功者のやったことだから成功するだろうというのは、偉い人が触れた事物だから尊いという聖遺物的な接触呪術でしかない。
- おそらく、売り出したいのは、アイデア大全ではなく、この本をつくった方法論
- ―ビジネス書を殴る、焼き払う―包括し上回る、そうあるべき理想の可能性を実現する―目的
- ―知的伝統への圧倒的参照―多分野横断、レファレンスワーク―手段
- 人文書―役に立たないが故にありがたい
- 現にどうあるかでなく、どうあるべきかを問いかける書物
- 哲学―当たり前をうたがう
- 歴史―今と異なる社会や人のあり方を掘り起こす
- 実用書―目下の課題の解決、必要の充足に役立つかもしれないが表面的
- ビジネス書が他と断絶し孤立するのも故なしではない。
- 先行文献を示さず、自ら知の蓄積への参照を手控えているのだから。
- 過去を忘却するから、同じような書物が繰り返し題名と表紙だけを付け替えて量産することができる。
- 書物として重大な欠陥がある。参照文献なし、孤立している。同じような書物が繰り返し登場する遠因でもある。知識の体系、蓄積つながらず。
- 参照の風習は意外に新しい―触れないで済ますことも、論旨が錯綜するので
- 人文書―人文の知が生まれたのはルネサンスの人間性研究、この担い手は学者だけでなく実務家が多く含まれた。
- ユマニストの存在を思い出すことはまた、人文の知の実用性に思い至らせる。そもそも弁論術は、実践知のよりしろだった。プラトンとは異なるピロソピアを提唱し、プラトンに先んじてアテナイに学校を開いたイソクラテスは、ピタゴラスに倣うプラトンの厳密知エピステーメーに対して、常に妥当するが好機をつかめない厳密知ではなく
- 実用書―実践知の系譜、弁論術の中で受け継がれた、人文の知もこの伝統に連なる人たちを担い手として生まれた。
- 人文書×実用書→書店で対極、読者層も両極

読書猿さんによるノンストップ・ライティングの例。Tree を使用。（2018 年 3 月撮影）

には線を引いて、自分を褒めてあげたり（笑）。で、線を引いたところはなんで引っかかったの？　ということについてさらにフリーライティングで書いていく。そういう、自分で言っていて涙ぐましい努力をしながら、穴埋めをだんだん豊かにしながら、っていう感じですね。だーっと書けるときがないことはないですよ。でもそれは自分の執筆人生においてごくごく例外的で、80％くらいは2語文の世界ですよ。「あいつ嫌い」とか「○○バカ」とか、そんなことしか書けない。

瀬下　ぼくは書けない不安に襲われると、自由自在に喋《しゃべ》るように書けていたときのことを思い出して、動けなくなってしまいます。

山内　「神感」ですね。

瀬下　そういうときの手っ取り早い「神感」調達手法として、酩酊《めいてい》というのがあるのですが、あんまりよくないですよね……。

千葉　いやいや、ありますよ。

「物真似」で書く

瀬下　そういえば、フリーライティングの際にモノマネをやってうまくいくことがあります。

山内　誰かみたいに書くということ？

千葉　賢者会議みたいな。

瀬下　そうですね。必ず難癖をつけてくる人や、逆になにを書いても褒めてくれる人を頭のなかで召喚して、その人が言いそうなことを実際に書いてみる、というような感じです。あと、尊敬する書き手がもし自分の原稿を読んだらなんて言うだろうか、とか。

千葉　わかるなあ〜、めちゃくちゃわかる。

瀬下　読書猿さんがおっしゃっていた「無能」という言葉にかこつけると、自分の問題は「不能」だと思っています。もう一切「勃《た》たない」ようなときがあるんです。これをどうにかするために、ある種開き直りのような感じで、他人が書くとしたらこんなことを書くかなあ、とモノマネをすることもあります。なんだかアホらしくて、恥ずかしいのですが。

千葉　めっちゃ実践的じゃないですか。この話、いろんな人が助かりますよ。

読書猿　逆に、そこまでしないと書けないのかという絶望もあるかもしれない。書けないなら書けないでいいじゃないかという気にもなってしまいますね。

千葉　流れるように文章が出てくる人からすると、われわれは軽蔑されるかもしれないですね。松浦寿輝先生のような方からすると（笑）。「なんで君たちはこんなバカみたいなことを真剣に考えているのかな」。

一同　（笑）

瀬下　まったく出てこない自分からするとうらやましい限りなのですが、逆に、どこでどういうふうに止めているのかが気になります。

山内　レヴィ＝ストロースとかもそっち側の人なんでしょうね。

千葉　「出てくる」という意味では、ぼくは出てくるほうですよ。自由連想とかけっこうできちゃうので、止めるのがやっぱりポイント。精神分析って、寝椅子で自由連想するじゃないですか。あれもできる人とできない人にかなり分かれるみたいで、そもそも精神分析は患者の側に適性がないとできないんだと分析家が言ってました。向いている人と向いていない人が明らかにいて、まず自由連想をさせるのが大変だと。

山内　リミッターみたいなものを外すことがまず難しいでしょうね。規範的な意識が働くとなにも出てこなくなりそう。

千葉　それに関してぼくが思うのは、そもそもストックがないと出てこない。だから瀬下さんが真似をすると出てくるというのも、「真似によってストックが出てきやすくなる」んですよ。真似って自分のなかのストックを呼び出すためのトリガーみたいなもので、自分のなかにはストックがたくさんあるんだけど、なんのトリガーもなしに出してくださいって言われても出ない。

あ、そうか。自由連想にもなにか技法があるんでしょうね。たしかにぼくも、ある種の精神状態に持っていったりということを無意識にやっているふしはある。それは、「作家っぽい気分」をつくったり、美味しいコーヒーを飲んだりすると書けるようになるということはあって、そういうものも技術的な問題なのかもしれませんね。そういうことをまったく知らない、気分のつくり方すらわからない人に好きに出せって言ってもなにも出ないのかもしれない。

具体的なことから始める

――元も子もない話かもしれませんが、常にある程度のことを考えていないといけないですよね。自分が考える対象がなんなのかもある程度は知っていないといけない。

山内 そうですね。たとえば学生の卒論の相談に乗っていると、テーマを決める段階から固まってしまうことがあります。「論文書くんだ」みたいな難しいことは考えずに、まずは「こういうことについて書きたい」って思いついたものを書いてみたらって言っても難しかったりします。気持ちはわかりますけどね。大前提として書きたくないわけで。なので卒論では毎年この「どう始めるか問題」に直面するんです。うちは実技の人ばかりなので、つくることに関してはそれなりにやってる人もいるんですね。つくることと書くことはどちらもやってみた人間からすればよく似ていると思うんですが、扱う対象が言葉になると、急にわかりませんモードになってしまう。それをどう書くモードにするか。

千葉 ちょっと話が広がりすぎるかもしれないけれど、具体的なことを書かせるというのは一歩目かなという気はします。抽象的に物事について判断したり、自分の価値観を言ったりさせるのは難しくて、たんに「こういうことがありました」とか、まずそこだけだったらやれるかなという気もする。

つまり、自由にものを書くという行為をどうガイドするかということだけど、たとえば「1年前の夏にあなたはなにをしていましたか?」みたいなことから始めて、それについてどう思ったかということを次のステップにして、抽象性を少し上げていくというアプローチは考えられますよね。

あまり普段ものを考えずに生きている人、という言い方はよくないかもしれないけれど、じゃあ「普段ものを考えて生きている」ってどういうことかというと、具体性と抽象性のあいだを常に行ったり来たりできているってことなんです。われわれ学者みたいな人間は、日常で見たことなどに対して、メタレベルの価値判断を常に下して、メタレベルとオブジェクトレベルを行ったり来たりしながら生活している。頭のなかで言語化が常時起こっているから、なにか出しなさいと言われたらそれをそのままワープロにインプットすればいいので、出るんですよね。

それをやっていない人は、まず抽象的なメタレベルの思考をやっていない。具体的な経験すら言語化されていない。でも具体的な経験自体はしているから、それを言語化に繋ぐのは第一歩だと思うし、抽象的なことまでは考えていないけれど感情とか価値については多少考えているから、それを言語化して具体レベルと繋ぐことからかな、と思います。

アウトライナーと思考法

——みなさんは考えることと書くことが分かちがたく結びついていると思うのですが、アウトライナーのような書くための道具を導入したことで、思考の方法が変わったりはしましたか？

千　葉　ぼくはもともと自由連想的にものを考えるタイプだったので、それにぴったりなツールが出てきた、という感覚です。仕事のプロセスに組み込めていなかった自分の思考癖を、やっと実装できたという感覚。むしろ、それまでの自由連想が散発的だったのに対して、アウトライナーに自由連想的な思考を実装することで、それを統御できるようになった部分はありますね。

瀬　下　ところで、少し気になったのですが、みなさんはアウトライナー的な書き方を執筆プロセスのどの段階まで維持していますか？　というのも、アウトラインって、WorkFlowyのようなツールを使わずとも、自分でナカグロを打ってインデントすればエディタ上でも再現できますよね。ある程度原稿の素材ができてきて、テキストエディタを操作してる段階にも、そうした簡易のアウトラインを使っていますか？

山内　ぼくはやらないですね。

千葉　本文を書いている途中にそういうメモを入れるということ？

瀬下　そうです。ぼくはどれだけ執筆が進んでいても、頭に新たに浮かんだことがあると、その場でテキストエディタ上にアウトライン的なメモを残してしまいます。

千葉　やらないですね。

読書猿　ぼくはやりますね。

千葉　ここで分かれるのは興味深いですね。ぼくがやらないのはなぜかというと、最後の原稿というのは原稿という存在物なので、そこにあまりメタデータを入れないからなんですよ。最近は少し入れるようになってきたんだけれど。

瀬下　なるほど。ぼくは逆のようです。ずっとブログのエディタで文章を編集していたからか、最後の最後まで「やっぱりここに画像を入れたくなった」とか「リンクを挿入し忘れていたから挿入しよう」とか、メタデータも含めた最終稿を触り続けてしまう癖があります。

千葉　情報として言語を捉えるか、言語は情報に対する剰余だというか、ある種の物質性を持つものとしての言語をどう操作するか、というふうに分けられる気もします。ぼくは言語の物質性に囚われた人間なので、そこが問題だったのですが、言語を情報的に処理するということをアウトライナーを使って学んでいって、書くのが楽になっていったという感覚なんです。なるべく言語の物質性に直面しない状態で書いて、一気に物質化する。ぼくは最後はやっぱりWordを使うし、そのときには字数なども印刷原稿とできる限り近い形にして、フォントもきれいにして、それで最後の仕上げをします。その段階で思いつくこと、書き加えることはけっこうあるんですよ。でもそれを最後の最後まで延期するということを最近やっています。徹底的に延期する。

山内　ドラフトの段階でほぼほぼ原稿に近い状態にしてしまって、Word内で細かくいじるのをなるべく避けるっていうのは本当に重要ですね。いじるのを早い段階に持ってきちゃうと神経症的にそればっかりやり続けてしまうので、この行為をゼノンのパラドックスのごとく無限後退させるために、たとえばEvernoteやWorkFlowyやstoneといった無数の中間地点が挟まれていく。

千葉　ぼくは最近Ulysses[*40]も使ってるんですよ。Ulyssesは画面の状況をほとんど変えられないんですよね。説明を読むと「360度セマンティック」と謳《うた》っていて、とにかく意味だけ考えてくれというコンセプト、これはいいなあと思って。Markdownで多少強調とかはできるけれど、もはやいらないので、とにかくタイプライターモードであの画面に書く。最近

*40　Ulysses　Mac、iPhone、iPad用のテキストエディタ。

はドラフトはそうやっています。

瀬下　原稿の執筆や編集だけでなく、仲間と一緒にデザインまで請け負うことがあります。そういう場合には、千葉さんの事例とは逆に、本文以外のコピーやデザインなど、いじれる要素が飛躍的に増えます。こうなると、工作舎《こうさくしゃ》の『遊』のように自由に考えられる反面、原稿そのものに向き合うことがブログ記事の更新以上に難しくなると感じます。

千葉　大学1～2年の頃のレポートは、ぼくはそういう発想でした。エディトリアルで、レポートのクオリティをごまかしていたかもしれない。

読書猿　ツールが思考に対してどんな影響を与えたかという話について、千葉さんの言葉を拝借していえば、「思考しないで思考する」ことに使えているのかなと。アウトライナー上で作業していることが、かなりの部分、全部ではないですが思考の肩代わりをしてくれている。アウトライナー上でどういう作業をどういう手順でやるかということも、手の動きとしてある程度決まってきていて。並べ替える、分割する、分析する、詳細を決めてもう1回隠して……ということを手が覚えていて、頭でやらないといけないことを肩代わりしてくれている、という影響はあった気がしますね。手続き化されている。

書きながらよく詰まることがあるわけです。詰まったらなにをするかというと、「これは知識が足りない詰まり方だから調査をする」「これはアイデアが足りなかったから、『アイデア大全』の技法リストのなかからふたつみっつなにか使う。突破できたら次に行く」というふうにします。アウトライナーでやれる作業のリストになっている。頭が悪いんですよ（笑）。だからなるべく思考に頼りたくないという欲望があって、頭を使わずに思考の代わりをする手順を考えようとしています。

瀬下 外部化したいですよね。勝手に出てくるような感じにしたい。

千葉 ある種の自動生成プロセスですね。クリエイティビティを発揮するって、自分のなかに自動生成プロセスが動き始めるみたいなところがある。人間の主体が自分の思いを表現するとかではなく、自分のなかに他者としての機械が動き始めて、なにかできてしまう、ということがクリエイティビティの根底にあるんじゃないかと思って、研究でもそういうことを考え始めたんですよ。詩人がなにかに取り憑《つ》かれて、他者化して書くというのも、自動生成プロセスが作動し始めるということだと思うんですが、アウトライナーによって思考を脱‐主体化することも、それに類する部分があるんじゃないか。

取り返しがつかなくなって、文章が生まれる

山内　ぼくも外部化されたものを見て判断したいんですよね。「無からの創造」ではなく。普段からアウトライナーに放り込んでいる雑多な与件《よけん》が次の文章を導く、というように。これは庭の石組の話と似ていて、平安時代の『作庭記』[*41]という作庭指南書があるんですが、そこにはまずいろんな石を集めてきて並べてみろとある。Inboxのように。で、そこからいい感じのをひとつ立ててみろと。つまりはプロジェクト化する。するとその最初の石が次の石を乞うんだと、ある種の自動生成を導く手立てを書いています。なにかしら物質的にごろっと置いてしまえば、それが次を、次が次を求める……「求める」という言い方はち

*41　『作庭記』　橘俊綱によるとされる平安時代の作庭書。寝殿造に対応する庭づくりの技法や約束事が記されている。ここで引用された配石の記述は「立石口伝」より。

ょっと微妙かもしれませんが。

読書猿　最初に石を置いたら、もう取り返しがつかないから。取り返しのつかなさから始まっていって、できないことが増えていくんですよね。そうやってできないことが積み重なっていった結果、残った道筋が見えてくる。

千　葉　取り返しのつかなさの連鎖！

読書猿　いちばん取り返しのつかないことを最初にするといい、と(笑)。

山　内　庭では、最初に置いた石がどうしても気になってしまう場合は、それを取ってしまえと言うんですよ。初手を省《はぶ》くと、結果として自動生成された取り返しのつかなさの連鎖それ自体が残る。

千　葉　そういえば、松浦先生は最初に書いた5枚の原稿は後で捨てるってどこかで言ってましたね。

山内　千葉さんも自分がやったんじゃないという意識を持つことで作品化する、ということをどこかでおっしゃっていたと思うんですけど、たぶんこのプロセスもそう。最初の石にはなにか必要以上に念がこもってしまっているというか、自分と分かちがたいものとして据えられてしまっている。周囲には初手の石が物体的に触発してできた連鎖があるんだけど、どうしても最初の石にばかり目が行ってしまう。この念を取り払った瞬間に石組が完成する。

千葉　自分から距離がとられた、他者的なものだけが残る。ありますよね。実作しているとその感覚はとてもよくわかる。そういえばアウトライナーによって思考の変化が起こるってありました。ぼくにとってすごく大きいのは、ものを決めることができるようになった。

一同　ああー。

千葉　なんかそういうと自己啓発セミナーみたいなヤバい感じがするけれど、前よりも意思決定ができるようになった。友達に相談しないで自分で決められるようになりました。どうしようか迷っていることがあったら、迷っていることを正直にアウトライナーに書くんですよ。そうすると、もうこれはこれに決めざるをえないなという結論が、おのずと分析的に出てくる。いままでだったら、そこまで自己分析する手前の段階で友達に電話をしちゃってたんですよ。でもアウトライナーによって、もうこうするしかないなということが可視化される。それによって、決断できるようになったというのが言い過ぎなら、少なくとも決断しやすくなった。それはあります。

山内　文章を書くうえでもそういうことが起きている。

千葉　有限性が可視化される感じがあります。

瀬下　頭のなかで選択肢をこねくり回すのではなく、具体的に書いてしまうことで、必要ない選択肢が自然に切られていく感覚はあります。

千葉　いくらでも可能性を考えてしまうと意思決定できないわけですけど、それをカットするひとつのツールになっているということですね。

読書猿　書くこと自体が、先ほどの「石を置く」ではないですが、取り返しのつかなさを重ねていくことですよね。書いた文に制約されるじゃないですか。それが文章を書く苦しみの大きな部分を占めていると思うんですけど、そこから先はきっと2通りあって、「最初の石」を取り除いて書き直してしまうか、あえて置いたまま制約に縛られながら、引きずりながら書くか。

千葉　それで思いましたが、ツイッターにはなぜあんなにアイデアを書けるのか。ひとつは140字という字数制限が大きいと思っていましたが、オーディエンスがいることの効用についてはいまひとつ結論が出せていなかったんです。でも、取り返しのつかなさだなといま思いました。人に読まれてしまった、少なくとも何人かの人に読まれてしまったという事実は、消えるといえば消えるので本当に取り返しがつかないとは思わなくていいんだけど、まあまあ取り返しがつかない。それは大きい石を置いてしまったというのに近くて、その後その責任の引き受けから連鎖して、他のものが書けるんですよね。やっぱり、誰も見ていないところで書いた文章ってどうにでもなるわけですから。

山内 準ー発表の場としてツイッターがある。言ったからにはなにかやらないとな、となってしまう。この座談会の発端自体がそうでしたね（笑）。

千葉 とはいえ、ぼくはツイ消し推奨の人なので、消したら忘れてもらえると思っているし、忘れてあげるのが倫理だと思ってます。だからスクショが大嫌いなんですよ。あれほど野暮なものはない。ツイートは消される可能性のあるものなんだから、エビデンスを残すなんて野暮。

読書猿 ユングがフロイトと喧嘩《けんか》別れした後に、紙で自己分析をやっていたらしいんですよ。[*42] 紙に

＊42 能動的想像法　フロイトとの決別後、ユングが自分の病的体験をいやすために用いた方法。読書猿さんによる紹介記事：アイデア大全ー57の発想法／思いつくことに行き詰まった時に開く備忘録

線を引いて、自分の台詞と相手＝Xの台詞を区別して書き出していく。フロイトと付き合っていたときは、フロイトが聞いてくれていたけれど、そのような形で他者を設定していたと。

千葉　フロイト＝ラカン的にいえば、他者がいないとダメなので、成立しないいんですよね。

読書猿　だからこそホロリとくるんですよ（笑）。

千葉　ユング派の根底にそういうことがあると考えるとおもしろいですね。精神分析はリアルの他人と二人でやるということが根本的に重要で、ぼくの有限性の話とか、ツールというものを友人と繋げて考える発想って、根本には全て精神分析があります。精神分析は他者がいるということが大事で、それに対してぼくはツールとかノートとか筆記用具を準－他者と呼んでいるんですが、これは「偽精神分析」なんですよ。ぼくが最近しているライフハック系の話は偽精神分析で、そのことにはいろいろと思うところがあるんですが、偽精神分析だとしても意味はあると思っている。むしろ、オーセンティックな精神分析がいうところの本物の他者というものを、準－他者的なものに回収できないか、そう考えたいくらいなんですよね。人間と人工知能みたいな話ですが、人工知能的なもののほうを第一とする方向で考えたい。

瀬下　準－他者って素晴らしい概念ですね。文章を書くうえでは、いわゆるリアルな他者からコメントをもらうことも、アウトライナーのような準－他者からフィードバックを得ることも、だいたい同じような効果を持っていますよね。

千葉　でもやっぱり、リアル他者に傷つくことを言われたらつらいでしょう。

瀬下　そうですね。ただ、場合によっては、意外と区別が難しい気もしています。たとえば、ぼくはツイッターで自分にいやなことを言うアカウントがあったらすぐブロックしています。他方で、自分が大事にしているツールからのフィードバックには、何時間も付き合っている。また、noteにアップしているエッセイは、公開範囲を限定する機能のおかげで、信頼できる人にじっくり読んでもらうことができている。連ツイは発想を広げるために便利なのでよくやりますが、炎上したら怖いので、書いたらすぐに消すようにしています。いま挙げた事例は、いわゆる他者性とツールの準‐他者性のようなものが入り交じっているように思います。

千葉　おもしろいですね。そう考えると、ぼくのなかでもソーシャルメディアとの関係のなかで他者というものの捉え方は変わってきていて、ソーシャルメディア以前って他者はもっと超越的なものだったんですよ。旧来の精神分析はそういう他者性をモデルにしていたんだけれど、これほどソーシャルメディアが発達して、他者性にグラデーションが生じる状況においては、もはや強い他者性は機能しない時代になっているのかもしれないですね。逆にいうと、グラデーション的にみてもっと弱いような他者……知らないアカウントでたまにリプライを送ってくる人とか、そういう人とのあいだにも、弱く精神分析的な関係が取り結ばれているような状態になっている。ぼくはそういうメディア状況について考えているのかもしれないですね。

瀬下　自分のなかから言葉が出てこないぼくにとって、さまざまなグラデーションの他者や準‐

他者に触発されながら文章を書くことができるこの状況は、悪くないものに思えます。それでも、書くことはつらいですが……。

2018年4月15日　京都市にて収録

（聞き手＝星海社編集部）

執筆実践

依頼：「座談会を経てからの書き方の変化」を８０００文字前後で執筆してください。

座談会から2年以上の歳月が経過した2020年11月13日、書籍化に向けての打ち合わせを行いました。その間に、千葉さんは小説『デッドライン』を発表され、山内さんは石組みについてのフィールドワークを開始、読書猿さんは大著『独学大全』を刊行し、瀬下さんは『新世代エディターズファイル』を編集・執筆されるなど、執筆の仕事を各々に拡げられていました。

「うまく書けないせいで負った傷」の治癒の程度に差はあれど、座談会をひとつのきっかけに執筆スタイルが変化してきたという4名。そこで、編集部から左記の執筆を依頼することにしました。

◆「座談会を経てからの書き方の変化」をテーマに執筆（8000文字程度）

座談会を経て、みなさまの執筆にどんな変化があったか、
直近の執筆のご状況やそこで見つけた新しい執筆スタイル、

気づいた「書くこと」の本質など、ご紹介ください。
〆切＝2月28日（日）24時
（※みなさまの原稿ご提出日時を本書に記載させていただきます）

届いた原稿を読み合って、再びの座談会を3月20日に行うことまで決定し、打ち合わせは散会。次ページからは、4名の原稿を編集部に届いた順に掲載しています。

ちなみに、2月24日に瀬下さんから「本当にすいません、3－4日〆切を延ばしていただけるでしょうか……」というメールがあり、3月4日24時に〆切を後ろ倒す旨を4名に返信しました。

それでは、4名がつくりあげた4者4様の新しい執筆術の形を――4名の「書けない悩み」は解決されたのか、そして果たして〆切に間に合ったのかも――ご覧ください。

文＝星海社編集部

断念の文章術

読書猿

こんなに書くことが苦しいのは、自分があまりに下手であるからだとずっと思っていた。言い換えれば、書くことがうまくなりさえすれば、まるでカイコの繭をほどくみたいに最初から最後まで途切れることなく、一続きの完成された文章が紡ぎ出されるだろうと（おめでたい考えだとは思いながら）どこかで信じていた。

地上に眼《め》を引き下ろし現実を見つめれば、自分が生きている間に何かを書き終え、誰かに手渡すためには、こうした甘美な夢をかなぐり捨てて（少なくとも脇に置いて）、繰り返し断念を重ねていくしかない。

座談会での「傷の見せ合い」を経て、本文750ページの書物『独学大全』を書き上げたことで、「断念」をキーワードに自分なりの書き方を再構成することができたように思う。

以下では『独学大全』執筆中の反省も含めて記してみたい。

断念1　ノンストップ・ライティング：構成やプランをあきらめる

文章を書くには、正反対の方法が二つある。

一つは書くべきこと（NTW：need to write）を先に定めるアプローチである。何を書くべきかを細部に至るまで決めることができれば、究極には、文章を書くことは穴埋め作業に還元される。

もう一つは、とにかく書けること（ATW：able to write）からどんどん書いていき、構成や調整は後で考えるやり方である。

ジャン＝ルイ・ド・ランビュール編『作家の仕事部屋』（中央公論社、1979）は、ロラン・バルトやビュトール、ル・クレジオ、マンディアルグ、サガン、ソレルス、トゥルニエまで、25名にその執筆術をインタビューした本だが、中でも白眉なのがレヴィ＝ストロースへのインタビューである。

その中で彼は自分の執筆法を説明して、まず止まらず全体をざっと書き上げることから始めるのだという。

「カンバスに向うまえにデッサンをする画家のように最初の段階では、まず書物全体の草稿をざっと書くことからはじめます。そのさい自分に課する唯一の規律は決して中断しないことです。同じことを繰り返したり、中途半端な文章があったり、なんの意味もない文章がまじっていたりしてもかまいません。大事なのはただ一つ、とにかく一つの原稿を産み出すこと。もしかしたらそれは化物のようなものかもしれませんが、とにかく終わりまで書かれていることが大切なのです。そうしておいてはじめて私は執筆にとりかかることができます。そしてそれは一種の細工に近い作業なのです。事実、問題は不出来な文章をきちんと書き直すことではなく、あらゆる種類の抑制が事物の流れを遮らなかったら、最初から自分が言っていたはずのことを見つけることなのです」

立ち止まることなく、欠落も重複も厭《いと》わず書き続けること、読み手に伝わるようにとか、分かりやすくとか、印象深くとか、そんなことをすべてあきらめ、ただ自分が書こうとしているものが一体何なのか、それを知るためにだけ書き続けること。

大切なのは「あらゆる種類の抑制が事物の流れを遮らなかったら、最初から自分が言っていたはずのこと」を見つけることだとレヴィ＝ストロースは言う。

断念2 ランドリーリスト：文を書くことをあきらめる

けれども、私のような才能も能力もない者には、「化物」のようなものであれ、ある程度の長さをもった文章を書き出すこと自体、まず難しい。

手に負えない課題を前にすると、せっかく爪に火を点《とも》して溜《た》めたなけなしのモチベーションが途端に蒸発する。結果、書くことに取り掛かること自体が先延ばしされる。また書くことを回避することで、苦手意識はいよいよ増悪していく。

「書けない」とは単なる無能力というより、そうした苦手意識と先延ばしの悪循環の中に囚われの身となることを言うのだ。

「書けない者」視点で、文章の書き方についての書物を渉猟すると、落胆することおびただしい。その多くは、すでに書ける人たちが文章を磨き上げることに注力していて、達意の文章を書けると権威を認められた文章家が、やれ主語を途中でかえるな、やれ長い文は使うな、などと「やってはいけないリスト」を提示するもので、書けない地獄から脱する方法を教えてくるわけではない。

文献の間をうろうろしたあげく、「書けない者」が探すべきは実は全く別のところなのではないか、と思い至った。

つまり、名文家に、作家や元新聞記者などに、教えを乞う代わりに、文章を書けない人、日常的に文章を書くことをしていない人がやっていることから学ぶのだ。

ランドリーリストは、敢《あ》えて日本語に訳せば「買い物メモ」ぐらいの意味になる。日常的に文章を書くことをしていない人たちも、何を買うかを忘れないように書き留めることはする。

買い落としがないようにするための、役目が終われば捨てられ、忘れられる程度の簡素なメモ。ToDo リストと呼べば上等すぎるくらいの、手羽先、大根、食器用洗剤、……などと思いつく順に単語を書き連ねただけのものだ。

おそらく書き言葉の運用という意味で最低限なものである。

「書けない」悪循環に囚われるたびに、主語・述語を完備した文を書くこともあきらめ、小さなメモに単語の箇条書きだけを書くようにした。

多くは、忘れては困る、締め切りとか依頼先とか与えられたお題、そういった実用的な記録だ。そんなものから書きだしていくうちに、時にはその日の天気や読んだ本の題名、時々は思いつき（大抵は使えない）が混じる。

使い捨てる「買い物メモ」だと思うから、単語一語か時には略語、順番もバラバラ、何を書いてもいいので、何でも書ける。気楽に書き捨てられる。

断念3 インキュベーション：資料を見ることをあきらめる

足りないものは、才能や能力ばかりではない。

フルタイムの本業がある身である。書いたり読んだりに専念できる時間は限られている。

読書と執筆の大部分は、仕事の行き帰りの電車の中だ。

このスタイルでは、あきらめなくてはならないことがいくつかある。

一つはたくさんの資料を参照しながら書くことだ。

これは私のような既有知識が乏しく、つまらないことまでいちいち調べないといけない者には辛いが、仕方がない。

このハンディキャップを少しでも緩和し、むしろ善用するために、思考の保温調理ともいうべきインキュベーションを日課に組み込むことにした。

フランスの数学者アンリ・ポアンカレが自身の難問解決のプロセスを記述したもので、今、書いている部分について、必要な下調べを前日夜から当日朝にかけて済ませておいて、他の作業（私にとっては本業）に移り、時間を置くことでアイデアの発生を待ち構えるのである。

具体的には、調べ物は前日自宅でパソコンを使って済ませておく。読むべき文献は朝の通勤電車の中で読んでおく。加えて、目下取り組み中のトピックのリストを眺めておく。そして一日の仕事（本業）を始める。

昼食時に何か思いついてメモの一つでも取れれば御の字だが、多くの場合、仕込みの成果を収穫できるのは帰宅電車の中である。

前日から朝にかけて、頭の中に仮置きした資料や取り組むべきトピックについて、程よく離れた結果、待ち望んだアイデアが（上手くすれば）出てくる。

資料を直接参照できないために不正確なところが出てくるのは仕方がない。あとで油断せず調べなおす。

ディテールは補う必要があるが、自分の頭が咀嚼《そしゃく》できたものだけが材料になるので、次の項で取り上げるように、これはこれで悪いことばかりではない。

断念4 無能フィルター：有能な自分をあきらめる

前記の、資料を先に見ておいて書く時には参照しないやり方を、「自分の頭に置いておける範囲に取り扱う情報を制限する」という意味合いを込めて無能フィルターと呼んでいる。

座談会で紹介した、茂りすぎたアウトラインを刈り込む（剪定する）のに、元のアウトラインをコピペも参照もしないでゼロから書き直す、というのも、このフィルターの適用例である。

この無能フィルターは、書いていて手が止まった時にも起動する。

書くことが何もない状態は、締め切り前日の追い詰められた状況でなければ、最悪なものではない。空っぽのバケツはまだ水を汲める。最悪なのは、非常ベルに駆られた群衆が狭い出口に向けて一斉に押しかけるように、書きたいことと書くべきことのすべてが書き言葉になることを求めて、小さなワーキングメモリに殺到し、コンフリクトを起こすことだ。

こちらは途中まで書き進めていたところで起こるから質《たち》が悪い。これまで書いた言葉をもったいなく思えば思うほど余計に窮地に陥る。最悪、ひと言も書くことができなくなる。

ここまでのピンチに陥らなくとも、既に書いた言葉は常に、いい意味でも悪い意味でも、制約として働く。だからこそ論旨が迷走しないで済むともいえるが、制約にがんじがらめになれば、先に進めなくなる。

袋小路を抜ける、一見無茶だが結果的に最速の方法は、これまで書いた言葉を一旦すべて捨てることだ。

「ゼロから書き直す」というと大変そうだが、今まで書いてきた経験はテキスト自体を捨てても、この身のどこかに残っている。むしろ捨てることで、自分の中にかろうじて残ったものだけが、これ以上捨てることのできない文章の核、そして骨子として現れる。

読み手がついてこれないほどの複雑さは維持されなくなり、込み入ったディテールはそぎ落とされ、逡巡《しゅんじゅん》や迷走の跡もいくらか整地される。

味も素っ気もほとんど消えてしまうが、残ったものこそ、それでもなお自分が書かなくてはならない何かである。

断念5　進捗アウトライン：意志の力をあきらめる

最初の著作『アイデア大全』『問題解決大全』（このふたつはもともと一冊の書物として構想されていた）と、最新作『独学大全』が大きく変わったのは、版元や担当編集者以外に、執筆の環境とフローである。前の2大全では1章ずつ書き上げるたびに入稿するという、ある意味変則的なやり方で原稿はすすめられたが、独学大全では手元で全編を完成させてから入稿する、ごく普通のやり方になった。

これに伴い、執筆に使用するソフト／アプリも、前2大全時代のiPad mini上でOutliner、Mac上のTreeという、二つのアウトライナーにかえて、iPhone、iPad mini、Macともに Scrivenerというソフト／アプリを導入した。

作業フローも、前2大全では、移動中にiPad mini（Outliner）で書いたものをMac（Tree）でまとめたが、独学大全では、iPhoneで取ったメモを、最終的にMac（Scrivener）に張り付けていき、後ほど修正を加えて完成させる形に変えた。

Scrivener導入の目的は、資料と下書きを一括して管理できること、複数の環境（iPhone、iPad

mini、Mac）で原稿データをシンクロでき、シームレスに作業できるようにすることだった。

しかし好事魔多し。良かれと思って導入したScrivenerだったが、自分の悪癖と悪い化学反応を起こした。どのパートをどこまで進めたか、どれだけ書いたかが直感的に摑《つか》みづらく、細部をいじくることに必要以上の時間をかけ、全体としての進捗にむすびつかず、次第にモチベーションまでが減退していったのである。なんのことはない、続けることこそ肝要だと唱える『独学大全』の著者が、当の『独学大全』を続けられなくなった。

書籍のような、一回で書き上げることができない長さの文章の場合、自分のような飽きっぽい怠け者にとって最大の難所であり問題点は、途中で放り出さず最後まで書き続けられるかどうかである。執筆は、究極のところ、進捗とモチベーションの管理に帰着する。

何をどんな順序で何をすべきか、事前に決まっているならば、簡単なチェックリストや進捗度に合わせてマス目の塗りつぶしをすることなどが、元々は行動療法や行動分析で培われた技法だが、馬鹿にできない効果がある、と自分で今まさに執筆中の本に書いているではないか（『独学大全』ではラーニングログとして技法化されている）。

まさに「船を修理しながら航海を続ける」である。

文章の場合、何をどんな順序で書くべきか、その構成が定まっている場合には、構成に対応した、同様の進捗チェックリストを作ることができる。

幸いなことに、『独学大全』という書物は、オファーがあった数十分後には、構想と目次構成が「降ってきた」作品だった。独学の本を書くならば何がより重要か、最後まで読むことを予定しない実用書において、重要な要素をより先におくべきだ、という方針から、3部構成が決まり、あとはそれぞれの部の目的を実現する技法のカテゴリーが決まり、次いで盛り込むべき技法の選定が決まった。ここまで決まるのに1時間を要しなかった。

分量調整のために泣く泣く削った要素や一つにまとめたものや複数の章に分けたものはあったが、それ以外はほとんど構成の変更はない。

おかげで目次をそのまま進捗チェックリストに流用することができた。

順不同で書きやすそうな章から着手し、1章のうち1節を書き終えるたびに対応したチェックリストの該当箇所を塗りつぶしていく。たったそれだけの工夫である。

ここで前作でメインに使ったが今回は出番のなかったOutlinerというアプリを引っ張りだしてきた。このアウトライナーアプリのチェック機能は、チェックの有無を階層的に管理できるのである。例えば、ある項目の下位レベルの項目のうち半数がチェックできれば、上位項目の円が半分塗りつぶされる。これをみれば、全体としてどこが完了しており、どこがほとんど手つかずか、一目瞭然になる。

こうして一度離れたかつての戦友に助けられ、750ページの書物は脱稿された。

断念6 Scrapbox：全体を見渡すことをあきらめる

しかし構成が最初から決まっていることはむしろ珍しい。大まかには決まっていても、細部に至れば、何を書くか繰り返し考え直すことになる。当然のことながら、文章を書く時間の大部分は、何を書くのかを発見するために費やされる。

この目的で、座談会の後に導入したWebサービスがScrapboxである。

2016年にリリースされたドキュメント管理ツールで、各ページを単語のリンクを通じて結びつけるシンプルなシステムと、軽快でなにげに賢い検索が気に入っている。

最初はマシュマロでやっている質問と回答を整理・公開するのに勧められて導入したものだが、アイデア／資料をまとめて放り込んでおけるリソース・タンクとして用いている。今では非公開Projectが55冊分に増えた。

Scrapboxの利用法としては、次のようなフローになる。

1 書きたいテーマについて新たにProjectを作る

2 まずはページを増やしていく

テーマに関連したものを自分の内側と外側から集めて、1項目ずつページを作る。

最初は、なぜこの企画を立ち上げたか、何がきっかけか、何が書きたいのか、何なら書けそうなのか等、思いつくことを、ランドリーリストする。

ランドリーリストを見直して、調べれば分かりそうな項目や詳しく展開したい部分をリンク化する。リンク先の新しいページに、調べたことをコピペしたり、キーワードから思いつくことをランドリーリストしたりする。

オンライン事典でヒットした項目や電子データで入手できた論文は、全文をコピペして、要約や注釈したい部分はまたリンク化して、リンク先の新しいページに要約や注釈を記す。

これらを繰り返していくことで、数十から数百個のページができる。

ここでのポイントは、同じような内容のページをまとめないことだ。

自分の場合、ほとんど同じような思い付きを、時間をあけて、繰り返し思いつくことが多い。1週間後、1ヶ月後、あるいは何年も経《た》ってから、という場合もある。

同じような内容のページをまとめないのは、それだけの頻度で思いついたことを重く見るからだ。繰り返し考えたのなら、それだけ自分にとって意味があることなのだろう。

あとでランダムにページを見て回る時、同じようなページが複数あるならそれだけ、出会う可能性が高まる。繰り返し思いついたアイデアならば、それくらいの贔屓《ひいき》をしても良いだろうと思う。

「ねえ、君考えてみたまえ。本当の考えとは、決して変わらなかった考えではなく、繰り返し戻ってきた考えをいうのだ」(ドニ・ディドロ)

3 ある程度カードが増えてきたら、ページを読み返す

馬力がありあまる時には、すべてのページを見るつもりで回るが、これはよほどページが少ない時くらいで、あまりない。

余力がそこそこある時は、思いついたキーワードで検索して、見つかったページを見て回る。

ほとんど気分が乗らない時は（大抵はそう）、ランダム表示ボタンを使って、アトランダムにページを見て回る。

そして気が向けば、リンクをたどって次々にページを遷移していく。

いくつかページを読み返し、不明な言葉や興味深い箇所には、注釈を書くためにリンクを設けてページを増やしていく。

こうして注をつけたページほど、記憶に残る。

4 まとめないでまとめる

ページを巡回するのをいくらか続けていくと、Project全体になんとなく親しむことができてくる。そうすると、何らかの構造であったり、まとめのアイデア等がなんとなく浮かんでくる（ことがある）。

『アイデア大全』でいうと、これは「ポアンカレのインキュベーション」の仕込みでつかう「赤毛の猟犬」という手法になる。床に引き散らかした資料の上を楽しげに転がって遊んだ愛犬が技法名の由来である。

自分なりに重要なのは、まとめもまた、Projectの全体や一部分を何らかの意味で統合したものというより、一つのページにおさめるべき、独立した一つのアイデアであることだ。

なので、まとめのアイデアは日をおいて、いくつも、独立して浮かんでくる。そのすべてを最終的な文章に採用するわけではない（すべての資料を文章に盛り込むわけではないように）。

足し合わせて割る、平均を取るのでは仕方がない。

またKJ法のように、出された項目のすべてが収まる一枚の絵を描くのも、多くの場合現実的ではない（少なくとも、自分の処理能力からすると手に余る）。

Scrapboxをつかうのは、こうして集めた資料なりアイデアを、自分の中に置いておかないためだ。一望化することも、記憶して頭の中に置くこともあきらめる。

偶然の力を借りて、何か自分に追いかけられるもの、追いかけるに足りると思えるものが、見つかるまで、ランダムにめぐる。できる限り良い偶然が生まれるよう、ページを増やし結んで、整備していく。

断念7 締め切り：もっと良くすることをあきらめる

以前、自身のブログに「もっとうまく書けるかもという妄執をやめれば速くうまく書ける——

遅筆癖を破壊する劇作家北村想《きたむらそう》の教え」という記事を書いたことがある。

元ネタは劇作家、北村想の『高校生のための実践劇作入門　劇作家からの十二の手紙』という本だ。

北村想は、本人の表現を借りるなら、初演に台本が出来上がっているどころか、脚本集として出版済みであるほど、筆の速い人である。

「書くのが遅いのをなんとかしたい」という相談に答える形で、北村想は、何故《なぜ》自分は筆が速いのか、筆の遅い劇作家と何が違うのかを説明している。

それは、筆の遅い劇作家が最後の最後まで作品を良くしようとぎりぎりまで努力と苦闘を続けるのに対して、自分は粘ってもそこまで大して変わらないだろうと、早々に完成させてしまうからだ、という。

実用的で現実的な判断である。当たり前過ぎて、もうちょっと何かあるだろ、と思わなくもない理由である。

しかし物書きは、その文章に費やした時間が長くなればなるほど、自分の中の要求水準を上げて、もっと良くしなければ、言葉の隅々に、句読点の一つ一つにまで神経を行き渡らせなければ、などと思ってしまう生き物なのである。

細部のこだわりと手直しの悪循環にとっつかまり、結局、文章全体を完成させずじまいに終わることも珍しくない。

幸いプロの物書きならば、締め切りというものがある。この、誰からも恨まれてきた即物的な制約は、こうした悪循環を力任せに切断する効果がある。これに応じなければ、今度は書き手ごと、文筆の世界から切断されるような、凄《すご》みがある。

しかし、専ら自分の好きだけで、書くことに向かう者には、そうした外部からの強力な制約がない。

私も長年、誰に依頼されるわけでもなく、当然締め切りもなく、自分だけを依頼者にして、そしてほとんど唯一の読者として文章を書いてきたから、よく分かる。

一つのブログ記事を完成させるのに2年かかったこともある。

その陰にはついに書き終えることのないまま中断している何十もの記事が放棄され、SSDの底に無惨に横たわっている。

しかし、次のことは認めなくてはならない。実のところ、自分に対する要求水準の上昇は、執筆に対する高い意識がもたらすのではなく、ただ〈完成させることを引き延ばす〉という病の一つの症状にすぎないのだ。

「これだけ時間をかけてしまったのだから、並大抵のレベルでは満足すまい」といった心持ちが湧いてくれば、延期と要求水準の上昇の間で悪循環が形成され、完成はますます遠のいてしまうだろう。

ヒトとしての成熟が、「自分はきっと何者かになれるはず」と無根拠に信じていなければやってられない思春期を抜け出し、「自分は確かに何者にもなれないのだ」という事実を受け入れるところから始まるように（地に足のついた努力はここから始まる）、書き手として立つことは、「自分はいつかすばらしい何かを書く（書ける）はず」という妄執から覚め、「これはまったく満足のいくものではないが、私は今ここでこの文章を最後まで書くのだ」と引き受けるところから始まる。

これは自分の可能性についての断念ではない。有限の時間と能力しか持たない我々が、誰かに押し付けられたわけではない自分に対する義務を果たそうという決断である。

（2021年2月27日　星海社編集部着）

散文を書く

千葉雅也

この原稿だが、とりあえず書き始めることにする。現在、二〇二一年一月二八日の午後二時ちょっと前。お昼にカキフライ定食を食べて、けっこう腹が膨れて、そのまま昼寝すると逆流するかもと思って少し消化が進むまでぼやぼやしていた。昨夜半、次のようにツイートした。

> 何を書こうかと考えて書くのではなく、書くことが自然とそこにあるときに書く。そこに何かあるなら、きちんと書こうとしなくていい。そこにあるものがポツポツと言葉になり始めたなら、それはメモ段階ではなく、もう本文であり、そこでメモと本文を区別しなくていい。
> 1時13分 2021年1月28日

メモをとってから本文を書くのでも、メモなしにぶっつけで本文を書くのでもなく、メ

モと本文を区別しないこと。　1時34分 2021年1月28日

これ、「書かないで書く」の新しい表現。　1時35分 2021年1月28日

今回の書き始め方からしてそうなのだが、昨年を通して僕は、文章をフォーマルに書き始めなくてもいいと本当に、腹の底から思えるようになった。学術的な原稿であっても雑感みたいなものから書き始めてべつにいいし、それで「何だコイツは」と思われてももういいや、と開き直ったのである。まあ歳のせいか。四十代も本格化してきて、ふてぶてしくなった。人生は一回きりなのである。

とはいえツイートが炎上して罵詈《ばり》雑言を浴びせられたりすると僕も人の子なので普通にしんどかったりするが、それも人生の「襞《ひだ》」というものだ。人生にはいろいろあるのだ。絶対安全な文章なんて、良い反響だってないだろう。書き物には何らかのクセが出るし、嫌う人には嫌われる。で、だ。今回のオーダーは、「この間どう書いてきたか」の振り返りである。それで、今のところ最新の「心得」が先のツイートである。メモと本文を区別しない――。

あのツイートを使えばいいか、とツイッターからエディタ（Ulysses）にコピペした。それは「素

材のメモ」とも言えるが、そこで連鎖的に湧いてきたことを書き始めてしまって、オッケー、もうこれでこの原稿は「本文」がスタートした「ということにした」のである。ここまででそろそろ千字。

――以上まで書いて、中断していた。Ulyssesで書いて放置していた。今は二月二四日水曜で、締め切りは次の日曜、二八日である。書き終わるだろうか。締め切りを過ぎるかもしれないが、まあ数日過ぎるのは普通なので、気にしない。書き終わるかもしれないし。で、再開。

どこから再開したらいいか。こういうとき、前に書いた話をちゃんと引き継ごうと思わなくてよい。今、この時に書けることを書く。そうすると、魔法のように前のこととつながるはずなのである。そう信じられるようになった。

こういう原稿は、僕の仕事では「単発原稿」というカテゴリーで、というのは「一冊の書籍のプロジェクトではない」ということなのだが、単発原稿はUlyssesというアプリで書いている。Ulyssesに「タイプライター」と名づけたフォルダを置いて、そこを「とにかく書く」ための机にしている。いろいろ試した結果、「タイプライター」は三つ用意しており、書きかけの原稿を二つ、三つ置いておく。執筆の同時進行は難しく、実際には一つずつ終えることになるが、仕事が入ったら早めにちょっとでも書き出すのが大事で、この原稿もとりあえずちょっと書き、予備のタイプライターに置いておいた。

僕は複数のアプリを組み合わせて仕事をしている。すべてのホームはWorkFlowyというアウトライン・プロセッサで、タイプライター的に使うのがUlysses、本一冊や中編以上の小説を構成するのがScrivenerである。

我々の座談会の後、『アウトライナー実践入門』のTak. さんと対談し、『書くための名前のない技術 case3』という電子書籍になったが、そこでアプリの使い分けを説明しているので、お読みいただければ——幸いです、ああ、ここはなんとなく「です・ます」にしたくなる。お読みいただければ幸いである。なんか違うな……。なら、最初に遡って全体を「です・ます」に変えちゃうか。いや、こういう迷いを残しておくのがこの本では大事だろう。なので、ここから「です・ます」に切り換えます。

ええと……Tak. さんに説明したやり方が今でも基本ですが、以後、全体的に「書くことに向かう姿勢」が変化したと感じている——うーん、ここは「です・ます」じゃない方が落ち着く気がする。まあいいや。

まず、WorkFlowyがすべてのホームだというのは変わっていません。WorkFlowyの使い方には大きく二つ。タスク管理とフリーライティングです。タスク管理については省略（前掲書を見てください）。フリーライティングというのは、自由連想的に思いつくままに書くことで、アウトライナー上ではそれを箇条書きでやることになる。僕は何か仕事が入ったら、そのやり方でアイデア出しをします。で、以前は、何を書くにもまずWorkFlowyでアイデア出しをしていましたが、それが最近は毎回ではなくなり、短い原稿なら一気にUlyssesで書いてしまうことが増えました。それはなぜか、と振り返ってみたいんですが、その前に、フリーライティングについて。

――「です・ます」の文体というのは人に語りかける形式で、これは講談調とかそういう「カタ」みたいなもので、その枠組みに中身を入れればいいので、なんというか、中身に即応した「最小限に機能的なスポーツカーみたいな枠組み＝文体」を実現しようとがんばらなくてよくなる。だから、もしかすると負担が半減する。

フリーライティングで大事なのは、いわば「凝縮的に書こうとしない」こと。無駄なくコンパクトに整えて書こうとしない。「えーと」とか「まあそうだな」とか間投詞的なものや、迷いやイライラみたいな情動もそのまま書いてしまう。冗長な要素も出るに任せて書いていると、アイデアはそのあいだに出てくる。途中で話が脱線するのも気にしない。アウトライナーでは、Enterを叩くと自動的に箇条書きになるので、どんどんEnterして切っていく。ちょっと書いてはEnter、でザクザク書いていく。

例：今取り組んでいる「現代思想入門」のプロジェクト

●現代思想入門　２０２１／02／24
●ええと、どこまでやったっけ
●中断していた　えーと・・・
●ああ、肝心なテーゼをいくつかまず考えちゃうこと
●ダブルバインドが大事　とか　二重性、多重性　矛盾に至らない差異
●矛盾を突くのではなく、ダブルバインドを維持する思考、その「粘り」
●解決するのではない思考　これが案外難しい
●答えを出す＝科学　と思われている　答えを出すのではない。その意義は？
●そこに倫理的な意義がある

これはアイデア出しというか、中断していた仕事を再開するときによくやる方法。僕は仕事の

再開を「リトリーブ」と呼んでいる。いろんな仕事を複数並行でやりかけにしているので、しょっちゅうこういうリトリーブのフリーライティングをする。

この例では、「ええと、どこまでやったっけ」という中断から回復するときの意識をそのまま書くことから始め、だんだん絞り込まれて、「矛盾を突くのではなく、ダブルバインドを維持する思考、その「粘り」」という正味のアイデアがポロッと出るに至る。この正味のところをいきなり出そうとしないのがポイント。核心部にいきなり行くのではなく、核心部がむしろ付随的に出る、というのがフリーライティングの醍醐《だいご》味《み》である。

僕の仕事のやり方は全般的にそうだ。正面からアプローチしない。取りかかりやすい日常業務的なことから始めてエネルギーが流れ出したら、その波に乗せるようにして肝心なことをついでにやってしまうようにする。

さて、フリーライティングをざっとやったら、ある程度ノイズを消し（だが全部は消さない）、並べ替えをし、大項目を立てて階層化する。あまり丁寧に整理しない。整理しすぎるとアイデアの勢いが削《そ》がれてしまう。ざっくりとノリで。

今、「凝縮的に書こうとしない」と表現したが、「凝縮」の反対は「散らばっている」ことで、つまり「散文」を書くということだ——と、いつの間にか「だ・である」になっていて、文章を書いている「意識の調子」は一定でないことがわかる。今は実験的に変化をわざと見せているが、もちろん通常は最終的に統一するわけだ。

散文のポイントは冗長性である、と最近思っている。凝縮しすぎると、詩＝韻文みたいになる。

ずいぶん前だが、ツイッターでエゴサーチをしたら、「千葉は散文を恐れている」というコメントがあって、これは痛いところを衝《つ》かれたと思った。当たってる、本当にそうだと思った。結局それは、カッコつけてるということだ。磨き上げられていない部分＝冗長性がある文章って、朝起きてボサボサの頭みたいな、自分のだらしないところを見せている感じがある。……だが、じゃあそれを見せてもいいとなると、僕は逆の極端になってボサボサを積極的に書こうとしてしまい、しかもそれをわざとやるのだが、ボサボサ「というスタイル」で書こうとしてしまう。べつにボサボサであれというわけじゃなく、人前に出られるくらいには整えるのだが、それでも自然に無造作なところがある、というのの難しさ！　ワックスで「無造作ヘア」をつくるのではなく、自然な無造作さのままで書くことの難しさよ！

しかしこの間、マシになったとは思う。『アメリカ紀行』と『デッドライン』で、出来事をブッ切れで日記的に書くのを試したのは、なんとか「散文を納得する」ための行程だった。それを経て、そして昨年コロナ禍の中で、二紙の新聞連載と、note の有料マガジンで毎月短い文章を何本も書き、量をこなしたせいか、以前の「凝縮強迫」はだいぶ薄らいだ。

以前僕は、自分の心がけとして「書かないで書く」という標語を掲げたのだが、それは言い換えれば、脱凝縮＝散文化である。必要十分な要素だけで組み立てていくんじゃなく、冗長性、ノイズ成分があってよしとする。

主題によってはしゃべってしまった方が簡単なこともあり、最近は下書きに音声入力を使うこともある。僕はWordのディクテーション機能を使っている。精度は十分、自動で句読点を入れてくれる機能もあって便利。「あのえっと、とりあえず思うことは」みたいにしゃべり始め、千五百字の文章に対し二千ぐらい適当にしゃべっちゃって、Ulyssesに送って刈り込んで、書き言葉に変えていく。昨年はウェブ授業でパソコンの画面に向かって一人しゃべり続ける経験をしたが、それが音声入力の練習にもなった。

そして、音声入力的なラフさで手で書くこともできるようになってきた。Ulyssesで一気に書けるようになった一因として、音声入力で得た感覚があると思う。

短い原稿を一気に書く（あるいは音声入力を下敷きにする）ときには、自由連想による展開が重要で、あまり事前にWorkFlowyでトピックを洗い出すことをしなくなった。他方、本一冊や長い小説のような大規模プロジェクトの場合は、WorkFlowyでのフリーライティングからスタートし、その上でScrivenerでプロジェクトを立てて書いていく。また、局所的な難しい問題を分析するときにもWorkFlowyが活躍する。

短い原稿：Ulyssesで自由連想的に一気に書く
本一冊、長い小説：WorkFlowyでアイデア出しと構造計画、その上でScrivenerのプロジェクトを立てて、パーツごとに書いていく
局所的な問題解決：WorkFlowyによる分析

小説を書くようになって思うのだが、先にアイデア出しをして整理しておくことのマイナス面があり、必要なパーツを組み立てるように書いたときの文章の感じと、なんとなくイメージを膨らませていくような自由連想的展開を比べるなら、後者の方が独特の禍々《まがまが》しいとも言えるような迫力が出る。(1)事前にある程度プロットを組み立て、それを実現するために本文を書くという書き方をする面と、(2)その書き方をしている途中で脱線的にイメージが出てきて奇妙な部分が書けてしまうときがあるのだが、後者の方が文学的旨みが強いと感じる。大規模なものになれば(1)なしでは難しいと思うが、(2)が起きることが大事(偶然なのでコントロールできないのだが)。

自由連想的な展開が許されるタイプの仕事だったら、できれば一気に書く方がいいのだろう。分析的であることが必要な場合は、事前にWorkFlowyでアウトライニングをする。これは長さにかかわらず、仕事の性質による違い。

今回は、途中から素材を五千字ぐらいWordのディクテーションで入力し、編集・加筆した。音声入力の割合が高い部分と、イチから書いた部分が混じっている。

手書きでも音声入力でも、冗長性がある、というかむしろ冗長性の方がメインでその端々に必要な内容があるようなものを出してしまって——それを座談会で僕は「土石流」と呼んでいる——、その後、ザクザク切っていく。で、切ってから「あいだを詰めていく」ように書く。これが、レヴィ゠ストロースの書き方の僕なりの言い換えである。

最初の「ドラフト」という意識の持ち方もよくない。「ドラフト」と言うとラフでも原稿として体を成している感じがするので、さらにハードルを低くするには、「素材」でいいと思う。素材の段階と、刈り込んで文章にしていく段階をはっきり分けることが必要。で、それを以前はアプリを切り替えるという外在的な方法でやっていたが、だんだん意識の上で切り替えができるようになってきた。

ところで、音声入力的なラフさと言ったが、たんにラフなのではなく、しゃべりにはその人のカタ、スタイルがあって、しゃべった方がラクだというのはカタに内容を乗せていくからである。だから、しゃべるように書く、音声入力的な意識で書くというのは何らかのナレーションのカタを採用するということ。「です・ます」もそうだし、また「だ・である」の場合でも、これは主観的かもしれないが、ちょっと偉そうにすると書きやすくなる。何かフィクショナルな語り手を想定する。自分の延長、分身なのだが、完全に自分ではないような何者か。そいつが語ってるんだから、僕の責任ではない——というわけで、労苦が半減するのである。

瀬下さんが人の文体の真似をして書くときがあると言っていたが、それは文章を書く人は必ず経験している方法、というか、書けるようになるために絶対やらなければならない訓練だろう。言語は自分で発明するものではなく、基本的に真似して使うものだ。それは単語レベルでもそうだし、文体でもそうで、自分発という意識でうまく書けないなら、誰かのフォームを真似するのが早い。思い返してみると、かつて僕は蓮實重彥の文体によって書くことを強く促された。独特のもったいぶった偉そうな文体である蓮實節は、一種の「冗長性フォーム」である。

それから、最近よく学生に勧めているのが、保坂和志《ほさかかずし》の小説論を読むこと。小説作品ももちろん参考になるが、『小説の誕生』などの自由に考察を繰り広げているものは、「ああでもないこうでもない」と考えを行ったり来たりで書く冗長性フォームとしてひじょうに参考になる。保坂さんの文体は、まるで素朴に頭の中をそのまま出しているようでいて、リズムに配慮があるし、いろいろ細かい工夫があるのだが、ちょっと参考に読んでみるだけで書くハードルを下げてくれる劇的な効果があると僕は思う。

蓮實節も保坂節も感染力が強いので、真似すると毒されるというような心配の声を聞くが、気にしない方がいい。そっくりにはならない。最初は真似っぽさが目についても、だんだん自分の身体的傾向と融合して新しい文体が生じる。

人間は必ず個性的なのであって、何を真似しても当人のスタイルに変形される。

ともかく、完成度に対する神経質なこだわりはこの数年でずいぶん緩和され、だいたいこんなんでいいか、という仕上げ方ができるようになった。年齢のせいもある。人生半ばすぎまで来たわけだが、無理なく書き「続ける」には、一回ごとに高いハードルを設定しなくていいのであって、会心のものが出るときには出て、あとは日常業務的に書くのでいいのだと思うようになった。「平熱」で書くという感覚である。若いときはやはり若さゆえにエネルギーが過剰で、統御が大変だったのだろう。

座談会では、あるところで「諦める」のが大事だと口々に言っていて、外在的な仕組みによって自分を諦めさせる話があったが、人間は加齢によって諦めが——諦めたくなくても——身体的に作動するようになってくる。要するに体が衰える。こういう話は僕が若いときに読んだら「そんなこと言われても」と思うに違いないが、逆に言えば、まだ若いときに何らかの工夫で「執筆に諦めを導入する」のは、加齢を先取りすることなのだろう。

たくさん書いているうちに諦められるようになるのか、諦められるようになってたくさん書けるようになるのか。これはどちらもそうで、量と諦めは相互依存していると感じる。だが、諦めを先に作動させるのはたぶん難しいことで、量を書くようにするというのが実際的だろう。量をこなすには諦めるしかない。するともう少し自由に書けるようになる。昨年はずいぶん書いた。短いものを毎月複数書きながら、一年かけて次の長い小説も書いた。何かそれは、家にこもらざるをえない期間に大掃除をしたような感覚だった。排気口に溜まった埃《ほこり》を掃除する……自由連想による精神分析の実践は「煙突掃除」に喩えられる。我々のこの企画には「執筆の精神分析」のようなところがある。

従来はWorkFlowyでのフリーライティングがまずあって、その上でそれとは別に原稿を書いていたわけだが、だんだんと、フリーライティングと本番の区別がなくなってきた。少なくとも短い文章ではそうなっている。

で、冒頭に戻る。

そういう意味で、メモの段階をなくしていく方向になっている。メモと本文の区別をしない。フリーライティング的なメモ書きをもう本文の書き始めにしてしまって、それでＯＫだとするわけです。——あ、「です・ます」に戻った。

（２０２１年３月１日　星海社編集部着）

書くことはその中間にある

山内朋樹

渾沌《こんとん》死せり

「渾沌さんに目鼻をつけたら死んでしまった」――かつての論文審査で、副査の仏門の教員が荘《そう》子《し》を引きながら、ぼくがはじめて書いた論文を評した言葉である。そのときの悔しさや情けなさやあてなき怒りをいま、あらためて思い出している。

残念ながらそのとおりだった。ぼくの文章はたしかに渾沌としていて、そもそも文章を書いた経験にも乏しく、手をつけるのも遅かったし、途中経過の相談もろくにしていなかった。さっぱり覚えていないけれど発表自体も混乱していただろう。

ぼくははじめて自らの内から汲《く》みあげた渾沌にかたちをあたえようとし、そのしょうもなさに、どうしようもなさに絶望し、震えていた。この程度だったのかと。

「けど、君が世界にたいして抱えている違和感ははっきり伝わってきた。そこは評価したい」——こういう趣旨の言葉を、主査の教員は述べた。

心の内は半泣き半笑いで、フォローあざす、と思って顔を上げた。だが、彼の眼は真っ直ぐにこちらを見ており、真剣そのものだった。どう返答したのか、まったく覚えていない。


二〇二一年三月一日早朝、昨日がこの原稿の締切だった。なにか物足りないと思いながらも約一万字の原稿ができた。もう出せばよかった。大人になったのだと。しかしなぜかいま、すべてをぐちゃぐちゃにしかねないこの冒頭の節を書いている。書きたいのに書けなかった十数年前の自分が呼び起こされてしまったからだ。

そう、メモもなければ書き方も知らず、違和感だけを頼りに書いていた君、際限なく幼児性をもてあそび、渾沌と戯《たわむ》れ、たいした経験も知識もないのに世界にたいする肌感覚としての直感と否定性だけを持てあましていた君のことだ。

そんな君を読者に想定するなら、この文章はずいぶん書き換えなければならない、少なくとも冒頭だけでも書き加えたいと思った。もはや羞恥《しゅうち》と憧憬《しょうけい》がこんがらがって直視できない君の直感と否定性に、いまのぼくは、ぼくの文は、持ちこたえることができない。

はじめに言っておくと、いまのぼくだってまったくクリアじゃない。頭の中もごちゃごちゃしている。けれどはっきりしているのは、ぼくはむしろ、書くことではじめて考える。書かれたものを見てはじめて物事が見えるようになる。制作だってそうだ。

たとえばややこしい計算や買うべきもののリスト。これらはなにかにメモしなければ成立しない。メモがなければ計算は間違い、一つ二つ買い忘れて帰ってくる。これと同じで、ぼくたちは外部に出してしまったなにかを見て、はじめてほかのことや次のステップについて考えることができるようになる。

外部化されない思考は堂々巡りを繰り返す。思考は外部化のプロセスではじめて線形化し、繰り上がる。

書けない、つくれないのに、なにはともあれまずは書け、まずはつくれと言うのか。そんなバカな。できない。でも渾沌さんに目鼻をつけるには、まずはその大事に抱えている欲望－幻想的次元を外に引きずり出してみせることが必要だということだ。

書きはじめるには、書き継ぐには、書き終えるには、渾沌さんを引きずり出し、具体的な目鼻をつけるために物体–身体的次元と結びつける必要がある。

この原稿では、渾沌さんから汲みあげる欲望–幻想的次元ではなく、この物体–身体的次元をどう扱うかについて書いている。いまのぼくがなにかをつくりはじめ、つくり続け、つくり終えるために使用しているひとつのシステムについて。

言い換えるなら、キリのなさとどうつきあうか、ということだ。渾沌さんは客観的には作品の混乱として現れるが、主観的にはもっといいものを思いつくはず、もっといいものになるはずだというキリのなさとして立ち現れ、作品の外部化をどこまでも延期させるからだ。

しかしこのことはつけ加えておきたい。

渾沌さんから汲みあげられる欲望–幻想的次元がなければなにかをつくりはじめることはなかった。どうしようもないキリのなさが、肌感覚としての違和感が、沸き立っているから書ける——しかし、だから書けない——けど、だから書こうとした。

たとえ陽のもとに晒せばほとんど蒸発してしまうとしても、七つの穴をあけたら死んでしまうとしても。

なにが問題か

座談会編では、ちょっとしたメモを頼りに白紙のWordファイルに向かいあう、あまりに悲劇的な「Word期」を経て、Evernoteにメモをとるようになり、WorkFlowyでアイデア出しをやるようになり、Wordから逃げるかのようにstoneを挟むようになった話をした。その後Evernoteはほぼ倉庫と化し、座談会の時点では「WorkFlowy（MemoFlowy）→stone→Word期」に入っていた。

当時もっとも重視していたのは、真っ白なWordファイルに素手で挑まないこと――マレーヴィチのごとき崇高な白を前に凍りつき、何時間も何日間も不毛な祈りを捧《ささ》げてしまうから。そしてWordに立ち向かうのをなるべく先送りすること――フォントやポイントの設定、文章の流れや整合性の彫琢《ちょうたく》に囚《とら》われるから。

これはようするに、すでになにかが書かれている状態から書きたいということ、つまりは執筆を可能にする客観的な制約をいかにしてつくりだすかということ。そしてすでになにかを書いている状態を継続したいということ、つまりは文章の形式それ自体を操作するという泥沼に足をとられないようにするということだ。

両者はともに執筆の態勢や流れを問題としている。つまりはどうやって執筆の流れに乗り、いかにその流れを途切れさせないで書ききるか。
抽象的に見るなら両者はともに、「もっともっと」と要求するキリのなさとのつきあい方を問題としている。つまりは権利上無限定に思えてしまう可能性をどう限定し、個別的な流れを発生させるか、どのようにして際限のない神経症的操作を避けながらこの流れを延長し、ひとかたまりの現実的な文章を切り出してくるか。

書くという態勢と流れはキリのなさとの緊張関係のなかにある。キリのなさから欲望‐幻想を盗み出しつつ、しかしキリのなさに呑《の》まれないように物体‐身体的次元を操作しなければならない。書くことはその中間にあるというわけだ。

執筆環境その後

座談会の収録は二〇一八年の春だった。三年もの期間が空いているのでその後の変化を手短に振り返っておきたい。

まずは二〇一九年の一時期、アイデア出しだけでなく執筆そのものも通勤などの隙間時間で進めることにした。それが「MemoFlowy（WorkFlowy）→SnapWriter（Evernote）→Word期」だ。外出先での思いつきを手軽に放り込んでおけるMemoFlowyと同じく、Evernoteに簡単に書き込むことのできるSnapWriterを使い、iOSアプリのないstoneが消えた。この頃はほとんどスマホで書いていたことになる。

このシステムは強制的に執筆時間を確保すべしというポール・J・シルヴィア『できる研究者の論文生産術』（高橋《たかはし》さきの訳、講談社、二〇一五年）の教えに半分はしたがっている。机には向かっていないものの、このシステムなら片道約四五分の電車内で必ず書ける。まとまった時間をとるのが難しい場合、あるいはスマホしか持っていないという場合はいまでも参考になる。

ただ、この頃のぼくはなにかを勘違いしていた。はっきり言って愚かだった。この歳になってなお優先順位というものをまったく考えることができていなかったのだ。

実のところぼくは早朝四時台に起きる（最近起きれない……ともあれ昼夜逆転している人や夜勤の人もそれが何時であれ自分にとっての早朝と読み替えてほしい）。もちろん頭の冴《さ》えている朝にまとまった時間をつくるためだ。しかしながらこの頃は、この朝の時間をなぜか英語や仏語の勉強や翻訳にあてて通勤時間を執筆にあてていた。

それはそれでたしかに偉いことだ。素晴らしい。たしかにそうなのだが、選択基準を誤っていたように思う。コンスタントに時間をとれるタイミングがあり、しかもそれが最も集中できる時間帯なのであれば、迷いなくそれを執筆に捧げるべきだ。シルヴィアさんなら当時のぼくを張り倒し、そう断言するだろう。

二〇二〇年春頃から通勤電車で書くのをやめ、なるべく早朝にパソコンに向かうようになる。この原稿でおもに書いてみたいのは、この頃闇雲につくりだした「Evernote→Scrivener & WorkFlowy→Word期」についてである。

二〇二〇年四月のある日、唐突に作庭現場のフィールドワークがはじまる。このフィールドワークをもとに単行本を執筆しようと考えたのだが、単行本執筆は当然のことながら雑誌などに一万字前後の短文執筆を繰り返すのとは扱う規模が違っている。

また、フィールドワークという手法をとるために現地でのスケッチや写真を文章と並べて書いていく構成を考えていたので、先のスマホシステムでは心許《こころもと》ない。そこで原稿の規模感と用途に対応可能だと思われるScrivenerを導入することにした。

しかしこの時期のシステムの最大の特徴はそこではない。Evernoteのフィールドノート化とWorkFlowyの日誌化こそが焦点だ。

Evernoteの回帰

実際にフィールドワークがはじまってみると、現地で収集している膨大な情報を処理できない。

物量の衝撃である。現場で小さなメモ帳に書きつけたおびただしいメモとスケッチ、大量に撮影した記録写真と動画。現場の往《い》き帰りにその日の気づきや解釈を車中で振り返るiPhoneのボイスメモ。

現場に半日いるだけでも整理に丸一日はかかる情報が堆積する。これはリアルな物量、出来事量として、自分の意志とはほぼ無縁の外界からやってくる、かつ爆発的な速度で増殖していくWorkFlowyのトピックのようなものだ。しかしながらこれら有象無象《うぞうむぞう》のトピックは複数のフォーマットにまたがっていてWorkFlowyに整理することができない。ボイスメモは文字起こししてテキストに変換できるとしてもスケッチ、写真、動画は残る。

これまでの方法論が物と出来事の濁流に呑まれていくなかで、溺れないようになんとか組み上げた足場のような環境のひとつ目がこれ。

Evernoteのフィールドノート化――フィールドワークのあらゆる情報をまとめあげて日誌化し、準－原稿を発生させる。

情報をただ死蔵するだけの倉庫になっていたEvernoteだが、危機的状況のなかで「すべてを記憶する」というキャッチコピーを思い出したというわけ。お前ならできる。

Evernoteは重要項目に関してはWorkFlowy同様、デビッド・アレンのGTDにある程度沿った分類となっている。0_inbox（どんどん情報を入れる場所）、1_projects（執筆中の原稿に関連する情報を格納）、2_next_projects（次の原稿）、3_incubating（今後プロジェクトになりうるアイデアを寝かせておく）…。

projectsのなかに庭の現場名を冠したノートブックを立て、そこに20200406などと日付をつけた日誌的ノートを作成。メモ、観察時間、作業者、作業概要という基本事項を記したあと、時系列的なメモ、作業者たちの会話、インタビュー、雑感等が続く。すべては紙のメモ帳から書き起こされ、スケッチや記録写真も挿入される。そんな作業日誌が続々とできていった。

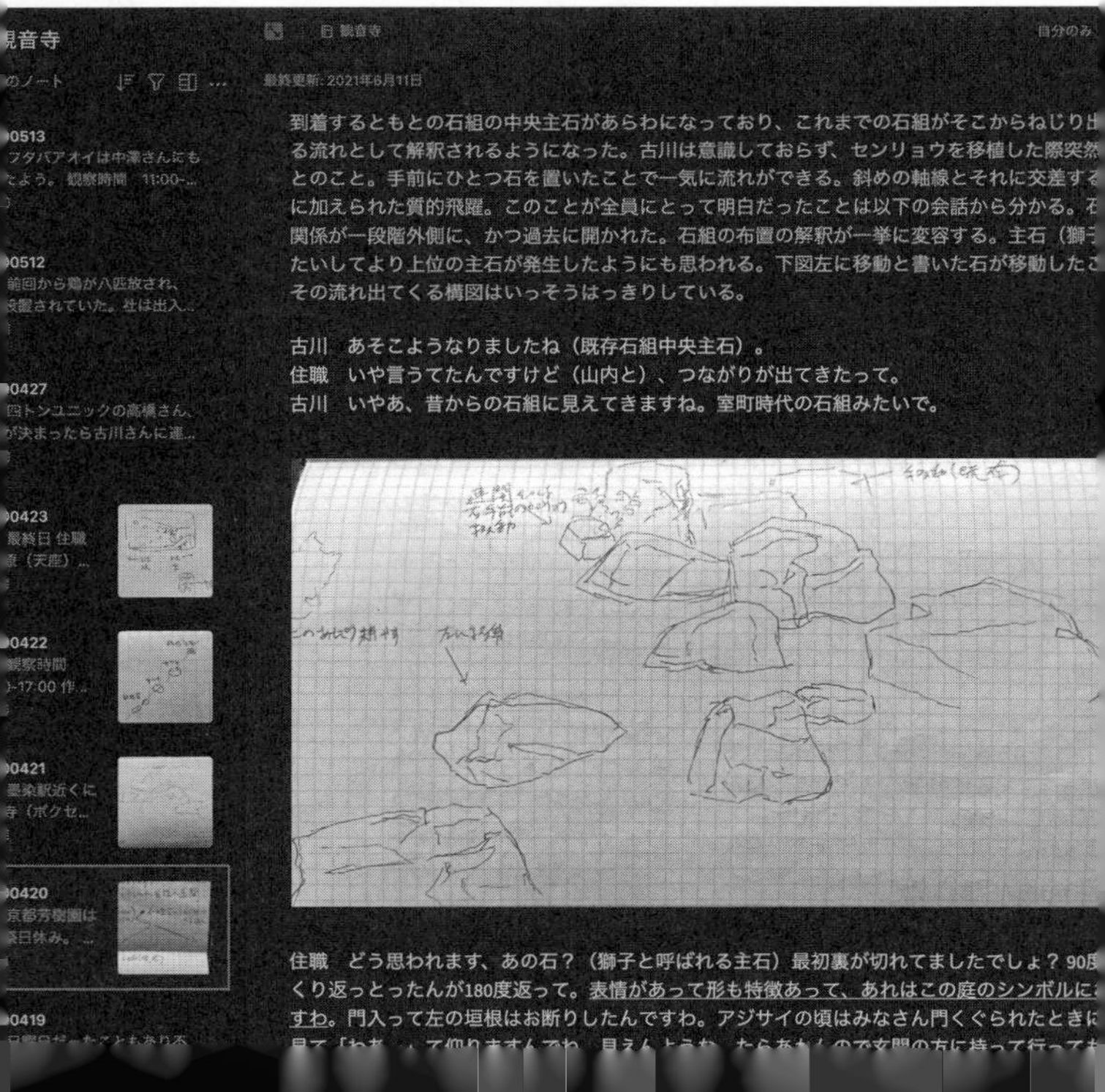

最終更新: 2021年6月11日
到着するともとの石組の中央主石があらわになっており、これまでの石組がそこからねじり出る流れとして解釈されるようになった。古川は意識しておらず、センリョウを移植した際突然とのこと。手前にひとつ石を置いたことで一気に流れができる。斜めの軸線とそれに交差するに加えられた質的飛躍。このことが全員にとって明白だったことは以下の会話から分かる。関係が一段階外側に、かつ過去に開かれた。石組の布置の解釈が一挙に変容する。主石（獅子たいしてより上位の主石が発生したようにも思われる。下図左に移動と書いた石が移動したこその流れ出てくる構図はいっそうはっきりしている。
古川　あそこようなりましたね（既存石組中央主石）。
住職　いや言うてたんですけど（山内と）、つながりが出てきたって。
古川　いやあ、昔からの石組に見えてきますね。室町時代の石組みたいで。
住職　どう思われます、あの石？（獅子と呼ばれる主石）最初裏が切れてましたでしょ？90度くり返っとったんが180度返って。表情があって形も特徴あって、あれはこの庭のシンボルにすわ。門入って左の垣根はお断りしたんですわ。アジサイの頃はみなさん門くぐられたときに

キリのなさから流れをつくる

先ほどフィールドワーク時の物と出来事の洪水をトピックになぞらえたが、こうして整理された日誌にはエディタに移る寸前のテクストに似た存在感がある。Evernoteに整理する時点でメモ帳の空白は埋められ、一連の出来事はある程度まとめられ、解釈は方向づけられている。

複数のフォーマットにまたがり空間的に並置されていた出来事の断片が集約され、時間的に継起する文に変換される。いくつもの文ができる。キリのなさは削減され、書きうることに制約がかかる。バラバラだった物や出来事たちがにわかに立ち騒ぎはじめ、ザワザワといくつかの流れをつくりはじめる。

数日分の日誌が溜まると、佐藤郁哉《さとういくや》の「とりあえず何かを書いてしまうこと」という教えにしたがい、日誌から興味深い出来事の系列を切り出して整理し、流れを持った文の塊、すなわち「中間的なテクスト」に変換していく（『フィールドワーク 増訂版』新曜社、二〇〇六年）。日誌のなかで立ち騒ぎはじめた流れをもう一度整流し、決定的なものにしてしまう。

これが不思議と書けてしまったのは、まずは日誌を整理するという作業感覚でとり組めたからだろう。単純作業が執筆の態勢と流れをつくりだし、事務的な記述に乗って出来事の分析や記述が引、き、出、さ、れ、て、し、ま、う。

トピック的だった記録は、一連の作業で再度、再再度の書き直しと解釈を経て結合され、分析され、切り分けられ、縫いあわされる。複雑な事象はよくも悪くもある観点から線形化され、物語化されてしまうのだが、有象無象の記録を日誌へ、中間的テクストへと変換する段階で、自分が注目してしまっている出来事とその解釈可能性に気づき、書くべきことが、章立てさえもが見えてくる。

ここまで来るとWorkFlowyは必要なかった。すでになにかが書かれている状態になっている。流れが発生しつつある。

キリのない神経症的操作を回避する

Evernoteに集約されたフィールドワーク日数分の詳細な日誌と、折に触れて書いたいくつかの中間的テクスト。これらがほぼ形になったのは五月中旬だったと思う。WorkFlowyには関連するトピックはほとんどなく、代わりに物や出来事を線形化した日誌や中間的テクストができた。

これが意味しているのは、これまでの執筆で苛まれた不安、つまりゼロからアイデア出しまで、あるいはトピックの集積からドラフト化までの断絶をいかに越えるか、という不安をすでにクリアしてしまっているということだ。それゆえ、フィールドノートや中間的テクストを読んだ上での一気書きがもっとも合理的に思われた。

まずはEvernoteから必要部分をScrivenerにコピペする。しかしコピペした文章に書き足したり削ったりしていくことはほぼしない。大抵はコピペを数行下方に押しやってほとんどイチから書いていく。こうするのはWordを使わない理由と似ていて、コピペした文章相互の整合性に囚われる際限ない神経症的操作に入らないようにするためだ。

註釈《ちゅうしゃく》も一度書きはじめると文献情報やページ数を調べたり、訳をチェックしたりしはじめてしまうので書かず、簡単なメモだけ残しながら先を急ぐ。同じ理由からScrivenerの充実した機能はあえて使わずに、いったん書くための道具と割り切って使う。

重要なのはレヴィ＝ストロースのように、ラフスケッチのように書きあげてしまうこと。とりあえず全体を見失わないように、細部の流れを忘れないように、このフィールドワークに形をあたえること。執筆の流れを継続させること。

土日祝は使えないのだが、仕事がある日は早朝を、ない日は早朝から昼までを執筆にあて、午後に空き時間があれば参考文献を読んだり事務仕事にあてたり積極的に気分転換をしたりする。もちろん締切前には一日中書いたりもするのだが、とにかく平日は毎日ほぼ同じタイムスケジュールでアスリートのように執筆する。

とはいえこのルーティンを継続させるのは難しい。執筆の態勢と流れは発生させるのも難しいが、すでになにかを書いている状態を継続することもまた難しいのだ。ここで登場したのが日々の執筆ログである。

WorkFlowyの行方

さて、WorkFlowyでやっていたことが、紙のメモ帳とEvernoteでなされてしまったことでWorkFlowyは用済みになるかと思われた。しかし実際に執筆を開始すると、このアプリに再び重要な役割がまわってくることになる。

Evernoteのフィールドノート化と同じく、これまでの方法論が単行本という規模の広がりに呑まれていくなかで、現在地を見失わないようになんとか組み上げた環境のふたつ目がこれ。WorkFlowyの日誌化。日々の進捗を記録して振り返り、その日の執筆の流れをつくりだすためのログ。

フィールドワークについて書く自分自身をフィールドノートに記録していくような奇妙な事態。フィールドワークの日誌を書いた経験が反映されたのかもしれない。ともかくWorkFlowyに「ログ」というトピックを立て、下位項目にまた0526と日付を付したトピックを立てる。その日の執筆が終わったあとで書いた文字数、執筆時間や現在の状況、問題点、明日への引き継ぎ事項などを率直に書いていく。

翌日の早朝、まずはこのログを開き、コーヒーを飲み、煙草を吸いながら前日の日誌を読み、その日の方向性をなんとなく想像する。今日書くべきことを書いておく。この日誌の読み直しの重要性についてはあとでもう一度触れる。けれど、ともかく早朝から執筆に入る態勢を整えていくこと、これがログの最も重要な点かもしれない。

無際限な可能性に制約をかけ、具体的なトピックを立ち騒がせて執筆の流れをつくりだすことは、プロジェクトを開始するという点できわめて大事なことだ。とはいえ実際の執筆は誰の目にも触れずに毎日続く、その時点では評価されない孤独な労働である。

しかも気分が乗らない日にも、なぜだか眠い日にも、仕事のある日にも続く。継続しようと思うなら、最初に立ち上がった流れをできるだけ遠くまで持続させるためにその日その日の態勢を整え、一日分の流れをつくりだすことはなににもまして重要だろう。

ではログにはどういうことを書いていたのか。

ログの実際

初期の記録を見てみよう。

0528

- 「おさめる」3948字
- 15994↓16817（1H823字）↓18838↓19446↓19583↓19942
- 設計図についてある程度の見通しがつく。フィールドノートから延段についての項目を最終日まで入れたので、あとは書き切るだけ。
- 文献読み、フィールドノートからのコピペ、並べ替え作業に頭を使ってもなお四千字というのはキツくないだろうか？『できる研究者の論文生産術』のように時間で区切った方がよいか？

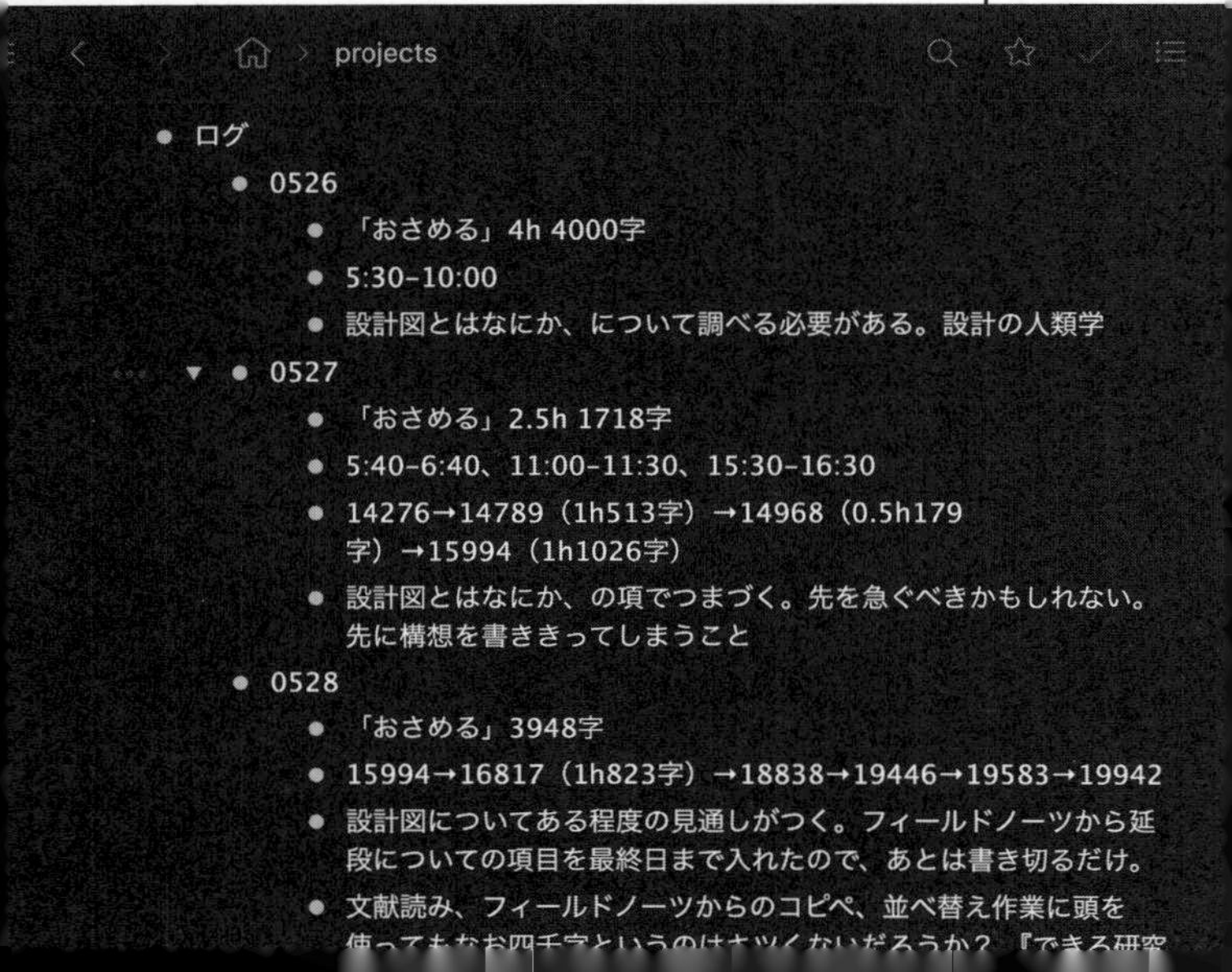

projects
ログ
0526
「おさめる」4h 4000字
5:30-10:00
設計図とはなにか、について調べる必要がある。設計の人類学
0527
「おさめる」2.5h 1718字
5:40-6:40、11:00-11:30、15:30-16:30
14276→14789（1h513字）→14968（0.5h179字）→15994（1h1026字）
設計図とはなにか、の項でつまづく。先を急ぐべきかもしれない。先に構想を書ききってしまうこと
0528
「おさめる」3948字
15994→16817（1h823字）→18838→19446→19583→19942
設計図についてある程度の見通しがつく。フィールドノーツから延段についての項目を最終日まで入れたので、あとは書き切るだけ。
文献読み、フィールドノーツからのコピペ、並べ替え作業に頭を

- 後々、フィールドノートのどこを使ってどこを使ってないかが分からなくなりそう笑
- ちょっと一日中ダラダラ書きすぎた。一日四千字はやはりキツいのかもしれない。これは持続性がない書き方だ。たしかに書けたけど、やはり午後は基本発想が枯渇してそう。午前をもっと有効に使いたい。先に構想を書ききるというのがなかなかできない。また細部の整合性に囚われた。

右から順に番号をつけるなら、トピック1にはその日書いた節の仮タイトルと一日に書いた文字数が記してある。トピック2には総文字数の推移が記録してある。ログを書きはじめて間もないこともあって時間当たりどれくらい書けるのかが気になっていたというわけだが、これはおすすめしない。なるべく楽に適当にするのがいい。というのも文字数のログは調子がいいときは執筆を鼓舞《こぶ》もするのだが、滞ってくるとたんに愚《おろ》かな進捗《しんちょく》警察となって襲いかかってくるからだ。

ログは自己－管理社会化のような志向を持つ。自分にたいして自分の仕事を克明に報告するなんて、なんというブルシット・ジョブだろう。クソどうでもいい仕事だ。ブチ切れたデヴィッド・グレーバーがあの世から飛んでくる（『ブルシット・ジョブ』酒井《さかい》隆史《たかし》、芳賀《はが》達彦《たつひこ》、森田《もりた》和樹《かずき》訳、岩波書店、二〇二〇年）。

とはいえ役にも立つのだから、どうせやるならできるだけゆるいほうがいい。文字数は記すとしても気にしない。

むしろログで重要なのは、文字数ではなくて最後の四つのトピックに書かれた日誌。内容はこんがらがっているけれど、大きく分ければその日にすべき、あるいはした「作業」とそれについての「雑感」が記されている。

作業――トピック3は複数日にまたがっていたEvernoteの作業記録を最終日分までチェックし、いまとり組んでいる章の必要箇所はScrivenerに反映し終えたことを示している。トピック5に記しているように、こうしたメモが残っていないと、翌日また同じ作業を開始してしまうことも考えられる。執筆が中断して数日後、あるいは数ヶ月後に再開する場合にも対応できる。とにかく持続的に制作できる環境を整えている。

雑感――トピック4は文字数について。たまたま初日に四千字書いたのでその数字に囚われている。しかしトピック6にあるとおり、章立てや構想を練りながら毎日四千字というのは少なくともぼくにとっては無理がある。一日中ダラダラ書くくらいなら時間で区切るべきなのではないか、重要なのは文字数よりも継続性ではないか、という冷静なツッコミ。態勢と流れを支えるのは身体と習慣なのだ。

よどみのなかで

ログは執筆中何度も訪れる小さな危機をどう乗り越えるかの気づきに満ちている。書けなくなったり、やる気がなくなったり、仕事が忙しくなったり。流れはつねに滞る。このよどみのなかで羅針盤《らしんばん》となり、客観性の保護区となり、そこから抜け出るヒントにもなるのがログだ。

ほとんど書けなくなっていた七月上旬の記録を見てみよう。

0709

- 「石組3」409字
- 時間的には頑張ったものの、頭が働かず書けず…雨? 低気圧? 難所?

三時間パソコンに向かったのにほとんど書けていない。執筆の流れがよどみはじめている。態勢が崩れつつある。とはいえ渦中の当人には執筆が滞っている理由がわからない。何度経験しても必勝法はない。これもまた真実だ。難所なのかもしれない。梅雨や低気圧で体調が変化しているのかもしれない。梅雨は嫌いではないのだが、喘息《ぜんそく》になる。日誌によれば仕事や寝坊が続き、その後の三日間でたったの一三二字しか書けていない。

0713

●「石組3」 1300字

●午前中まったく集中できなかったが、なんとかやや持ち直しただろうか。ちょっと気分乗ってきた感じがあるが、明日の状況によるかな。詰まっていた部分は結局書けていない。このまま流れてほしいところ。章の構造は見通しが立ってきた。ともかく早く晴れてほしい。

詰まっていた箇所を飛ばして書いたのか、様子が変わりつつある。翌一四日、危機を抜けたことを実感。それほど華々《はなばな》しい成果ではないけれど危機を脱したことが文字数にも表れており、その理由が率直な言葉で綴《つづ》られている。

0714

●「石組3」 2264字

●第八週は目標6000字。それでなんとか二万字。

●結構書けた。つまっていた箇所を無理につなげようとするのではなく、つまっている箇所のちょっと前から、つなげることを意識せずに書き直してみる。正直に。おそらく自分が混乱している箇所でつまっていた。無理にストーリー化しようとして対象を批判したりしていた。正直にというところがミソで、実際批判されるべきは自分だった。自分がつくりだしたストーリーに乗せて対象を批判していただけで、そこには幻想があった。批判すべき対象をつくっていたのは自分だ。そのことで混乱していたように思う。
●雨とか気圧とか喘息とか、集中できない理由を考えていたが、実際書き出すとまったく関係なかった。あらためて早寝早起き、必ずPCに向かうことの重要性を知る。続けよう。

雨、気圧、喘息——おそらくはそうしたことと書けないことが重なり、さらには書けなさが醸《じょう》成《せい》した気分も関係していただろう。しかし、目詰まりの原因はプロットの構造そのものにあった。小さな綻《ほころ》びや糸くずが無数に絡まりあって巨大なもつれをつくっていた。手前から書き換えてみるというのはいいアイデアだったと思う。真正面から対決するのではなく、やり過ごしつつも再び流れをつくりだし、勢いのままに突破する。よどみは文のなかにふと顔を覗かせたキリのなさでもある。だから分析しきれるわけではない。

そのため、よどみに入ってもこれまでどおり一定のリズムで生活し、毎朝ログを読み、画面に向かうこと。身も蓋《ふた》もない平凡な気づきだが、それしかないのではないだろうか。よどみはいつだって執筆のすぐそばにある。よどみの渦中で唯一のコンパスがこのログだとして、継続することを支えているのはやはり身体と習慣に他ならないのだ。

身体と習慣にできること

締切当日の二〇二一年二月二八日早朝、こうして最後の節を書いている。コーヒーをドリップし、煙草に火をつけ、昨日の日誌を読み直す。この日の執筆について簡単なメモをとって執筆を開始した。

0228

- まず終わりを書く。その後全体を見る。節の出だしと終わりに気をつける。まとめ。繰り返しを恐れない。印象的なフレーズや口に出せるようなキーワードを意識して太字あるいは傍点に。表記の揺れチェック。

だそうだ。これがうまく実現できたかどうかはわからない。でもともかく日誌の見直しと書き込みは前日の流れを再インストールし、その日の態勢、つまりは「文を書く身体」をあらためてつくり直していく感じがある。ウォーミングアップ。

ツイッターに書いたところだけれど、執筆はスポーツに近いんじゃないか。いや、そう言えるとするなら逆にスポーツもまた執筆に近いのであって、というよりそもそもスポーツも執筆もそのコアには身体と習慣がある。

毎日同じタイムスケジュールで執筆するさまを「アスリートのように」と書いた。ちょっと前の定型句にしたがうなら「修行僧のように」。できれば生活リズムを一定にし、疎《おろそ》かになりがちな食事、運動、休憩を意識的にとって気分転換し、コーヒーや煙草といった個人的ルーティンのなかでログを確認し、また、今日もまた、どんなに晴れていても、指先が凍りつくように寒くても、ニュースがなにを言おうとも、外でなにが起こっていても、この画面に向かう——スポーツあるいは修行、としての執筆。身体と習慣としての執筆。

これで禁煙してコーヒーはデカフェ、運動はヨガで食事はオーガニックとか言いはじめたら、とたんにアメリカ東海岸ビジネスパーソン向け啓発書のようになるなと、書いていてバカバカしくなる。けれどこうしたルーティンこそが、背中あわせになっているキリのなさに制約をかけ、折りあいをつけ、物体－身体的次元で執筆の態勢と流れを継続させる。

とにかく書いている。この原稿をとおして気づいたのだが、ぼくはとにかく書く。よくわからない文章を書いてしまう。書きながらなにが言いたいのか、いや、むしろこの言葉たちがなにを言いたいのかが、かろうじて見えてくる。

先に骨格があって肉づけするのではない。まず肉を、どうしようもない肉を引きずり出し、積み重ね、あるとき「ああ、こうなるのか」と気づきが訪れる。あとから骨をぐいぐい突っ込んだり、目鼻をつけたりして、それっぽい塊をつくっている。

渾沌さんから欲望－幻想を盗み出しつつ、しかしキリのなさに呑まれてしまわないこと。物体－身体的次元を操作して執筆の態勢や流れをドライヴさせ続けること。書くことはおそらく、その中間にある。

（2021年3月2日　星海社編集部着）

できない執筆、まとめる原稿
――汚いメモに囲まれて

瀬下翔太

はじめに――苦しみから逃れて

「執筆」は鬱や学習性無力感に似ている。昨日は書けなくて、苦しかったな。今日は書けるかな、書けないかな。まあ、書けないだろうな。ああ、やっぱり書けなかったな。苦しいな。明日はどうかな、書けないだろうな。きっと、苦しいのだろうな。ああ、お腹が痛い……。

ぼくにとって、「執筆」はいつも苦しみとともにある。なにも名文を要求されているわけではない。ただ仕事や趣味のなかで少し「原稿」なるものが必要なだけなのに、自分で勝手にハードルを上げて、身動きが取れなくなる。

「執筆」の外部で、「メモ」を生成する

そうは言っても、座談会に参加した頃よりは、たくさんの文章を生産できるようになった。そのきっかけは、単純に「原稿」をつくらなければならない機会が増えたからだ。少なくとも月に二本は書くと読者に約束しているnote記事の作成に始まり、地域のフリーペーパーに掲載する取材記事やコラムの構成や編集、クライアントに提出する報告書の制作まで、いろいろな原稿を同時並行で進め、なんとか間に合わせる方法が身についてきた。

「原稿」をつくる方法は本当に多様である。たとえば、地域の現場で働く人に「コラムの執筆」をお願いしたら、送られてきたものはいわゆる「箇条書き」で、仕方がないから自分で整えて「原稿」にまとめたこともあった。あるいは、クライアントに提出した「パワポ」のなかに入れた「文言」が気に入られ、それがオウンドメディアの「原稿」ということになったり、「ウェブ広告」のために作成した「クリエイティヴ」がパンフレットの「原稿」になったりしたこともあった。ぼくはこれらの経験から大きな影響を受けた。

言ってみれば「執筆」や「原稿」には、「整然」と「雑然」という二つの世界がある。整然とした世界では、まず初稿が「執筆」され、二稿、三稿、そしてゲラへと直線的かつ時間的に「原稿」がつくられる。それに対して、雑然とした世界では、途中稿とも言い難いような出自のわからな

い文字列がまずあって、それらがあちこちに配置されるなかで、次第に全体像が見えてくる。複線的かつ空間的に「原稿」が生じるのである。ぼくのやり方を一言でまとめれば、可能な限り「執筆」なしで雑然と「原稿」を生成する方法だ。

そうは言っても、なにかしらの文字列がなくては始まらない。そこで文字起こしや箇条書きのような謎の文字列——本稿ではこれを「メモ」と呼ぶことにしよう——をひたすらに生成する。できもしない「執筆」から逃走し、そこかしこに「メモ」を撒《ま》き散らす。それらを寄せ集めて、どうにかこうにか「原稿」をまとめていく。本稿は、そんな涙ぐましい試行錯誤について書かれたものであり、その成果でもある。

メディアを変える

苦しい「執筆」を「メモ」の生成に置き換える。そのためにいまのところ最有力の方法は、向き合うメディアやツールを変えることだ。「書かなくちゃ、書かなくちゃ」、そう思えば思うほど「執筆」はおろか「メモ」すら出てこなくなる。答えは簡単だ。書かなければいいのである。本稿の「メモ」も、まずテキストエディタを閉じることから始めた。代わりに開いたアプリケーションやサービスを三つ紹介したい。

ツイキャス・Discord・LINE

一つ目は、ライブ配信。ツイキャスというサービスを使い、本書のもとになった座談会や関連する自分のツイートを振り返る三〇分間の配信を四回実施した。ほぼひとり語りで、過去の自分の発言を順番に読み上げ、気づいたことをあれこれ喋っていく。すると、当時もいまも同じ意見だなと感じるところがあったり、過去の自分は推しているが現在は使えないと思う方法があったりする。なかには本心を誤魔化して書いていたり、ちょっと盛っていたりする部分に気がつくこともある。この段階では他人の発言はあんまり読まないようにしている。自分と比較して「どうしてぼくはつまらない意見しか言えないのだろう」とか「実質的にほかの人と同じことを言っていてこれではパクリになってしまうのではないか」とか、無意味な苦しみや不安に苛まれるから。

二つ目は、チャット。友達と一緒にやっているDiscord上のサーバーでチャットをして、ツイキャスで話したことやそこから派生したアイデアを投げかけた。配信はひとり語りでいいが、それだけだと物足りないのでフィードバックをもらうことが目的だ。相手のハードルを下げるために、なんでもいいから思ったことを言ってほしいとお願いする。よくわからないところを質問してもらったり、共感するところを書いてもらったりとコメントの方向性を示すのも効果的だ。

三つ目は、通話。昔からやっている「Rhetorica《レトリカ》」という同人の仲間とLINEグループの通話機能でざっくばらんに考えていることを話した。今回は限界研という評論サークルをやっている竹本竜都《たけもとりゅうと》氏や闇の自己啓発会の江永泉《えながいずみ》氏、哲学研究者の石井雅巳《いしいまさみ》氏が熱心に議論に参加してくれた。竹本氏は自身の詰まっている原稿の話を打ち明けてくれ、石井氏や江永氏は現状の「メモ」に対してチャリタブルにコメントしてくれた。

どの方法でも、必ず「メモ」が残る。チャットであればログをそのままどこかにコピペしておけばいいし、ツイキャスや通話も録音して文字起こしすればいい。ツイキャスは音声ファイルを残す機能をデフォルトで備えているので、それをダウンロードしておく。LINE通話の場合は録音に少し工夫が必要になるので、億劫《おっくう》であれば、誰かが発言している間にリアルタイムに議事録をつけてもいい。いずれにせよ、喋りっぱなしだけは絶対に避けること。一度話した内容を思い出して書くとなると、それは苦しい「執筆」になってしまう。

ライブ感と宛先をつくる

これらの方法が「メモ」を生成するうえで有効なのは、ライブ感があるからだ。もともと明確な意見を持っていなかったり、あっても書く自信がなかったりすることでも、喋りだとその場のノリでなにかしら口走ってしまう。それらを記録すれば、テキストエディタの前では自己抑圧していたであろう内容を「メモ」として残せる。

宛先がはっきりする点もいい。ツイキャスならリスナー、チャットやLINE通話なら友人に「向けて」語りかけると、ひとりで考えていてもまとまらないことが方向づけられたり、組織化されたりする。生煮えのアイデアは宛先を変えるたびに少しずつ違った内容になる。そのすべてを記録すれば、どんどん「メモ」が増えていく。もしかすると、アイデアを共有する仲間がいないと嘆く人もいるかもしれない。それでも、まずは別のメディアを使ってみてほしい。誰も聴いていなくてもツイキャスの配信はできる。チャットする友達がいなければ連投ツイートでもいい。テキストエディタに向かうときとは異なる頭の引き出しを開けることが重要だ。

限りなくゴミに近い「メモ」でいい

記録された音声ファイルやその文字起こし、チャットのログはそのままでは扱いづらいので、それらを加工していく作業が必要になる(注1)。面倒臭いが、サボらなければ必ず終わる。いつ終わるかわからない「執筆」と比べれば実存的な苦しみに陥らない分よっぽどマシだろう。しかしその一方で、作業に力を入れすぎると「執筆」の苦しみがやってくる。どのような塩梅《あんばい》で作業に取り組めばよいだろうか。

「走り書き」と「ブロック」

まず、作業によって生まれる「メモ」のクオリティはいろいろあっていいということを理解する必要がある。ぼくは「メモ」のなかでもそのまま「原稿」に使えそうな整ったものは「ブロック」、限りなく元のログに近いものは「走り書き」と呼んでいる。今回の場合、LINE通話については リアルタイムに「走り書き」をつくり、ツイキャスやチャットの記録は丁寧に整文して「ブロック」にした。「ブロック」はnoteにまとめて、レジメのような記事もつくった。

もし余裕があれば、「メモ」をつくったら、一度全体を見直すといいだろう。「ブロック」の場合、固有名詞を整えておくと非常に使いやすくなる。たとえば、うろ覚えで話している作品名や作家名といった部分を正しい表記に直しておくと、後の自分にとって強力な手助けになる。慌ててつくった「走り書き」の場合は、後から見て意味がわかる程度に補足してあげるといい。次の日に見たら意味不明だったということもよくあるからだ。

「メモ」に貴賤はない

ただし、それよりも重要なことは、なんでもいいから「メモ」をたくさん生成することそのものにある。ある「メモ」が書くに足るネタや情報が記されたものなのか、無意味な文字列なのかを区別することはその場ではできない。特別にいいアイデアだと思ったものであっても、振り返るとどうでもいいと感じることもよくある。さまざまなメディアや形式をもつ「メモ」の間には、貴賤も重要度の差もない。それぞれに異なる価値がある。

そのため、すべての「メモ」を必ず残しておかなければならない。せっかくつくった「メモ」を「汚いなあ」と思って消したくなることがあるだろう。それは罠《わな》だ。真っ白な Word ファイルの純真な雰囲気や、テキストエディタに整然と連なる文章への憧れの残滓《ざんし》は、「執筆」の苦しみを生むだけでクソの役にも立たない。本稿においても、整文された「ブロック」や note 記事だけではなく、元の音声データやその文字起こし、「走り書き」を何度も参照しながらつくられている。そこには整文の過程で失われてしまったアイデアやトピック、情熱が焼きついている。アイデアをあらゆるメディアに浸し、接触させ、変質させる。変形によって生まれた、種々の異本たちを残す。ゴミや妖怪、弱く醜い動物たちの百鬼夜行のように雑然とした「メモ」を愛する。それが「執筆」なしで「原稿」を仕上げる鍵だ（注2）。

感情を爆発させる

「メモ」を生成するためにメディアやツールを変える。それだけではなく、自分の気持ちを変えることで「メモ」を生成する方法もある。劇薬でもあるが、感情をうまく奔流させることができると、効率よく大量の「メモ」を生み出すことができる。

心身の変化

これから書きたい内容や書くに至った経緯について、なにかしらの感情はないだろうか。あんまり書きたくないのに書かなければいけなくてムカつくなとか、書きたいアイデアが思いついたときは嬉しかったなとか、どのようなものでも構わない。もしそれが思い浮かぶのであれば、ひとまずその感情を爆発させてみよう（注3）。

感情に身を任せるうえでは、カフェインやアルコールを導入したり、その結果、徹夜をすることもある。精神的に不安定になるリスクもあるが、ほとんど常に苦しいなかで仕事をしている自分にとって、高揚感のなかで一気に「メモ」を生成する機会を逃す選択肢はいまのところない（注

4)。

これほど一気に書けるなんて、もしかして自分は「執筆」ができるのではないか――いや、それだけは思ってはいけない。「いまから文章を書くぞ」そんなことを考えたら、その瞬間に感情は死ぬ。気持ちが乗っているときも、あくまで自分はラリって「メモ」を書きつけているだけなんだと言い聞かせよう。

ちなみに、今回はこのやり方は採用できなかった。長い間このテーマについて考えすぎていたせいか、気持ちが昂《たか》ぶらなかったからだ。無理矢理お酒を飲んだとしても、「執筆」の苦しみに呑み込まれてバッド・トリップしていただろう。「助けて、書けない、書かなくちゃいけないのに、助けて、書けない」。お腹が痛いときのように、そう祈ることしかできなくなっていたはずだ。

自分を褒める

狂った感情の奔流には心身のストレスを伴う――「執筆」ほどではないが。だから、「メモ」ができたら自分のことをたくさん褒めてあげよう。たとえば、「メモ」をつくった自分の偉大さ、内容的に面白いポイント、なんでもいいから褒める。褒めどころはたくさんあるはずだ。

経験的に言って、感情から生み出された「メモ」は有効なものが多い。怒りに任せた「メモ」

は、後から見たら問題提起のように見えるかもしれない。ウキウキと浮かれている「メモ」は、対象の価値や優位性を示す記述になっているかもしれない。感情というダイナミズムのなかで生成された「メモ」は、テーマに対するコミットメントがあるから、別のアイデアにもつながりやすいのだろう。自分をねぎらうように、残された「メモ」のなかから優れたポイントを見出《みいだ》そう。

「メモ」から「メモ」をつくる

これまで新たな「メモ」を生成することと、すでにある「メモ」から別の「メモ」を生成することとをあまり分けずに書いてきた。「メモ」がある程度溜まってくると、それらを見ながら作業することが増えてくるはずだ。そこで箇条書きを並び替えたり階層構造をつくったり、「メモ」から「メモ」を生みやすいアウトライナーが役に立つ。

パワポとしてのアウトライナー

いわゆるアウトライナーと呼ばれるソフトに限らず、PowerPointやKeynoteにも箇条書きと階層構造をつくる機能がある。ぼくはこれらを総称してパワポと呼んでいる。パワポというバカっぽい言葉の響きは、自分が取り組む作業の負担感を下げてくれる。パワポは「執筆」ではない。言いたいことを「だいたい」示せばいい、あちこちから議論やフレームワークをパクって「とりあえず」継ぎ接《は》ぎをつくればいい。

パワポらしいセコい方法も重要である。WorkFlowyに書いたものをKeynoteに移して、フォントを好きなものに変えたり、大事な部分をアホみたいにデカくしたり、図版をつくってみたり。メディアを変えることで、新しい「メモ」につなげる方法の応用である。

生成のためのパワポ

パワポを使うときは、川喜田二郎《かわきたじろう》『発想法』（中央公論社、一九六七年）に書かれたKJ法が参考になる。KJ法は彼の思想が色濃く反映された複雑で緻密なメソッドだが、なかでも机に並べた紙切れの「メモ」を整理する「グループ編成」と呼ばれる作業だけは知っておくべきだ。

川喜田はグループ編成において「大分けから小分けにもっていくのはまったく邪道である」（p.77）と強く注意喚起している（注5）。紙切れは必ず一枚ずつ整理（小分け）していくべきで、紙切れを複数まとめて整理（大分け）してはならない。先に「大分け」すると、できあいのカテゴリを適用するだけで、新しい発想が生まれないからだという。

この注意は、パワポに配置した箇条書きに「メモ」を書き足していくときにもそのまま応用できる。「メモ」もまた発想を広げるためにあるからだ。しかし、「大分け」の誘惑に抗《あらが》うことは本当に難しい。いくつかの「メモ」を見ていると、なんとなくある節や章ができたような気がして、上位のカテゴリに見出しをつくり、そこに当てはまる箇条書きを押し込めたくなってしまう。これはまさに「大分け」の考え方で、「メモ」がどんどん閉じ、減り、つまらなくなる。もしそうなっていることに気がついたら、見出しやカテゴリ名になっている部分をすべて下位のカテゴリに戻すといい(注6)。「小分け」の発想で見出しをほかの「メモ」と比較していくと、また新しいアイデアが生まれてくるだろう。

おわりに――それでも執筆からは逃げ切れない

これまで「執筆」から可能な限り遠くに離れ、さまざまな「メモ」を生み出す手法を紹介してきた。もちろん、これだけでは「原稿」にはならない。「メモ」をとりまとめ、仕上げていく作業が必要である。これは一般に「構成」と呼ばれる作業である。「構成」とは、文字起こし素材からインタビューや対談記事を作成する方法のことだ。ぼくはすべての「原稿」をこの手法でつくっている。最後に、本稿の制作プロセスに即してこの工程について簡単にまとめておきたい。

「編集」を「執筆」に代える

ぼくは「メモ」の分量が最終的に書かなければならない字数の二倍くらいになった段階で、少しずつ「構成」を始める。今回の場合、LINE通話のときにリアルタイムで記録した「走り書き」が約三〇〇〇字、ツイキャスやチャットをまとめた「ブロック」が約五〇〇〇字、さらにそこから作成されたレジメのようなnote記事の「ブロック」が約七〇〇〇字、計一五〇〇〇字ほどの「メモ」ができたあたりから始めた。

「構成」を行うときは、まずこれらの「メモ」を全部Scrivenerにコピペする。このとき、箇条書きやフォントといった書式に関する情報は取り除く。完全にベタのテキストになった「メモ」、特に「走り書き」は、とても読めない代物だろう。「構成」の大部分は、この汚い文字列を整理していく時間である。ここでは「大分け」の発想でいい。なんとなく似ていそうなところをどんどん整えて、くっつけていく。ここが最もいわゆる「執筆」に近く、とても苦しい作業だから、可能な限り「進捗している感じ」を自己演出することだけが重要だ。Scrivenerを使う理由もこれと関係する。このソフトウェアには、簡単にファイルを「分割」できる機能があるから、二〇〇〇～三〇〇〇字程度のユニットができたら、そこに見出しをつけて一つのファイルにしてしまおう。こうすると、ある箇所がフィックスしているように感じられるはずだ。

「メモ」を最初から最後まで「構成」したら、いわゆるテキストエディタを初めて用いる。ぼくはシンプルなmiか縦書きを美しく表示できるegwordのどちらかを使う。ここでのコツは、折返しを短めに設定することだ。ぼくは二五文字から三二文字程度に設定することが多い。一行が短くなると、進捗している雰囲気を味わいやすいからだ。

それでも残る苦しみとバカンス

このように、どうにかこうにか「執筆」なしで「原稿」を仕上げようと試行錯誤を続けている。しかし、どのような工夫をしようとも、やはりいまやっていることは「執筆」なのではないかと感じられる瞬間は必ず訪れる。「メモ」をつけていて言葉がうまく出てこないとき、「構成」していて自分の表現のパターンの少なさや悪文に気がつくとき。「執筆」の能力が足りないのだと考えるほかない。悲しい気持ちで胸がいっぱいになって、またお腹が痛くなり始める。

突拍子もないようだが、もしそういう状況に陥りそうになったら、「バカンス」をおすすめしたい。「バカンス」とは、「原稿」の進捗度合いや締切をすべて無視して、行ってみたい場所や泊まってみたいホテルに宿泊することだ。もし行きたいところがなかったら、自宅付近の宿泊施設でいい。最低でも二泊、可能なら三泊四日あるといい。これは「缶詰め」ではない。「原稿」には取り組まず、友人に会ったり、展示や映画を見に行ったりする。ただし、朝は必ず起きて日光を浴びること。別荘でのんびりしているような気持ちで、じっくりと遊ぶのだ。

これが必要なのは、「原稿」に追われていると、本質的な意味でのインプットがなくなるからだ。特にぼくの方法論を採用すると、読書やネットサーフィン、友人との会話すら「メモ」の下準備になってしまい、セルフネグレクトのような状態になってしまう。一度セルフケアの時間をとり、そのすべてから一度解き放たれれば、必ず「原稿」は仕上がる。

本稿の執筆にあたって、ぼくも二泊三日の休みをとって島根県益田市にある安くてちょっといいホテルに滞在し、地元の海鮮を食べることができる美味い回転寿司に行った。初稿は、締切を一週間以上破らなければ完成しなかった(ごめんなさい)。自己弁護するわけではないが、それでも、いままさに、無事に(?)仕上がっている。

(2021年3月14日　星海社編集部着)

注

（注1）具体的な文字起こしや整文の方法については、ググればわかるので本稿では詳述しない。

（注2）こうした態度を教えてくれた作品として、笠井康平《かさいこうへい》『私的なものへの配慮 No.3』（いぬのせなか座、二〇一八年）がある。コンサルや総研の出すレポートのような文体と語彙が使われているが、そこに記されている数字や事実の多くは正確。美的な関心だけに基づいて、でたらめに単語を並べたりカットアップしたりしたのではなく、純粋に対象に関心をもってリサーチした「メモ」が作品に反映されているようにみえる。本作を読むと、「メモ」から生み出される「原稿」の多様性に驚くとともに、勇気をもらうことができる。

（注3）この方法は、読書猿『アイデア大全　創造力とブレイクスルーを生み出す42のツール』（フォレスト出版、二〇一七年）に紹介されている「バグリスト」と似ている。これは自分が不愉快に思うことを列挙していく手法である。

（注4）言うまでもなく、これはアルコールへの依存を勧める文章ではない。「執筆」とアルコールの複雑な関係やその恐ろしさと魅力に関心がある人は、中島《なかじま》らも『今夜、すべてのバーで』（講談社、一九九一年）や町田康《まちだこう》『しらふで生きる　大酒飲みの決断』（幻冬舎、二〇一九年）を読むといい。

（注5）彼の「大分け」に対する批判は本当に激烈で、知識人の傲慢や男性中心主義、さらには全体主義につながる専制的な態度があるとしている（p.77-78）。こうした川喜田の思想に興味がある人は、彼の『パーティー学』（社会思想社、一九六四年）や『創造と伝統　人間の深奥と民主主義の根元を探る』（祥伝社、一九九三年）もおすすめ。

（注6）ここに書いている方法は、Tak.『アウトライナー実践入門「書く・考える・生活する」創造的アウトライン・

プロセッシングの技術』（技術評論社、二〇一六年）に書かれた「シェイク」や、ブログ「R-style – Sharing is Power!」（閲覧日：二〇二一年三月一四日）を運営する倉下忠憲による「ワンアウトライン」とほとんど変わらない。ふたりの活動を見れば、アウトライナー論壇とも言うべき豊穣《ほうじょう》な議論空間を知ることができる。アウトライナーに関心がある人はぜひともチェックしてほしい。

座談会 その2

快方と解放への執筆論

執筆を「断念」を積み重ねていく行程として、「書けなさ」を戒めつつその技法をまとめあげた読書猿さん。

執筆している時制を自然に織り込み、自在に思索を伸ばしながら散文的に執筆方法を記してみせた千葉さん。

執筆態勢を維持する実態を克明に記録しながら、「書く」ことへの渾沌とした欲動も冒頭に書きつけた山内さん。

執筆の苦しみを生々しく発露させながら、アイデアを多用し執筆を執筆ならざるものに変換し完了させようとした瀬下さん。

「座談会を経てからの書き方の変化」を変化した執筆スタイルで記述する試みを経て、互いの人生のリアリティを持って語られた「書けない悩み」は、より解像度を高めて提示されることになりました。

次ページからは、2021年3月20日に開催した、第2部に掲載した原稿を読み合っての座談会を掲載しています。

「座談会その1」から実に3年近くの月日が経過し、4名は互いの原稿になにを感じ、考えたのか。

〆切が執筆にもたらす効能、躓《つまず》いてしまいがちな「出だし」の解消方法、だらしない文章を許容するスタンス、「雑」であることの豊潤さの見直し、「書きたい」と思う欲望の源泉、「書く」行為のゼロから文章を構築するイメージからの変換、「執筆」の字面と書き方指南本に潜む罠、「喋る」ことと「書く」ことの差異、そして「書くこと」はなぜ苦しいのか——3年前からの快方への感覚、未だ囚われている感覚の狭間から繰り出されてゆく多岐に及ぶ議論は、「書くこと」をいかに駆動するのか——新たな「書くこと」への予感へと明るく走り出していきます。

文＝星海社編集部

SECTION.1

どこまで「断念」できたか？

――みなさん、めいめいの執筆方法の変化についての執筆をありがとうございました。今日はお互いの原稿を読み合ってのご感想を話し合っていただこうと思います。そうですね……他意はありませんが、ご提出順に原稿を取り上げていく形でいかがでしょうか。

瀬下　遅れて申し訳ございません……。ぼくにはなんの権利もありませんので、それで大丈夫です。

山内　最後まで粘ってくれた瀬下くんは希望の星でしたね。〆切を過ぎてからは「ありがとう！」という気持ちでいっぱいでした（笑）。

千葉　おかげで「〆切は延びる」の実例を紹介できますね（笑）。いやしかし、それぞれのキャラクターが原稿に出ていておもしろかったです。それでは提出順で、本来の〆切に唯一間に合っていた読書猿さんの原稿について語りましょうか。

読書猿 では、なぜこんなにはやく書けたかというのをご説明しようかなと思います（笑）。

〆切こそ最高の執筆術

読書猿 みなさんの原稿を読むと、「断念の文章術」というタイトルにしたわりに自分には断念が足りないなと思いました。みなさんは自分よりもっと断念してる！

山内 「もっと断念してる」とは……（笑）。ぼくたちは断念を競っていたんですか⁉

読書猿 でも自分はこれ以上断念してしまうと、書くこと自体をやめてしまうと思うんです。今まで、自分にとって書くことはどうしてもやらなければいけないことではなかった。余計ごとの範疇《はんちゅう》にありました。でも窮地に陥ったんですよ。『独学大全』[*1]という本を出したんですけど、おかげさまでこれが思った以上に売れまして。しかし、事情があって詳しくは言えないんですけど、執筆をやめるかという窮地に立たされています。まさに「断念の文章術」(笑)。

山内 そこまで本質的な断念が行われていたんですか!

読書猿 執筆をやめてしまおうかとも考えたんですけれど、やっぱり書くことをやめたくないんですよね。「断念すること」を断念する、否定の否定を繰り返す状況にあります。そういう気持ちでみなさんの原稿を読み返すと断念が足りない! しかし、そんなバタバタしている最中にこの原稿も執筆したのですが、いちばんに書き終えてしまった。これは〆切があったからこそ「ここで出すしかない」という切断が働いて提出できたのではと思います。

＊1 読書猿『独学大全』(ダイヤモンド社) 勉強法の百科事典。学び始めることもやめることも、何を学ぶかも、どのように学ぶかも自由極まりない「独学」について、55の技法を案内している。

山内　とくに最後が強烈でしたね。「ヒトとしての成熟が、「自分はきっと何者かになれるはず」と無根拠に信じていなければやってられない思春期を抜け出し、「自分は確かに何者にもなれないのだ」という事実を受け入れるところから始まる」と。〆切前日にそんな原稿が送られてきたので、いまだ執筆の渦中にいたぼくは読書猿さんに怒られている気分になりました（笑）。思春期まっただなかでごめんなさいって。

読書猿　いやいや（笑）、「猿の分際で〆切を守らないのは何事か」という自分への戒めです。ぼくはネットで自主的に文章を書いてきたので、ずっと〆切がない書き方をしてきたんです。だから〆切ってけっこう心地いいものだと思いました（笑）。漫画の影響で〆切というものは怖くてヤバいものだと子どもの頃からずっと思い続けてきたんですけど、〆切こそ最高の執筆術だなと。

――「〆切こそ最高の執筆術」！　遍《あまね》く書き手の方へ慫慂《しょうよう》していただきたいですね。

読書猿　間に合うかは別ですよ、『独学大全』は〆切が延びに延びて3年以上書くのにかかったわけですから（笑）。『独学大全』は気が散ってずっと同じことを続けられないという症状の解決のために書きました。そこで見つけようとしているものが「外部足場」という概念で、散らばっていく自分の行動と思考に枠をつくることで、ひとつのことを考え続けたり、勉強を続けることができるようになる。最大の外部足場が〆切だなと、この原稿の執筆で実感しましたね。ほかの方も同じ〆切で執筆している緊張感もありましたし、この〆切をやっつけないと領収書の整理に取りかかれなくて（笑）、確定申告ができない！　そういう外部足場があって提出できたわけですが、一番乗りとは思ってなかったです。

――実際に文章を書く段階に取りかかれたのはいつ頃でしたか？

読書猿　〆切の2週間くらい前に「断念」というキーワードが出てきたんです。そこから一気に書けました。ぼくは書き出すと速いんですけど、キーワードに辿《たど》り着くまでが長いんですね。手書きしているメモを見返すと、1月8日くらいに『問題解決大全』と『独学大全』の書き方の比較表をつくっています。そこから役に立たないメモが延々と続いてますね（笑）。2月10日にようやく「断念の文章術」という言葉が出てきました。次のページには章になった7項目が並んでいる。このあとメモがないので、手書きからPCに移行して書き上げた感じですね。

山内　この7つの断念は読書猿さんがこれまでに無数の原稿を書くなかで摑《つか》んできたものだと思うんですけど、同時に執筆技法の網羅《もうら》的な紹介のようにもなっていて、ここに網羅的書物を書き続ける読書猿さんの苦悩と症状が端的に表現されているなと思いました。網羅することを断念すること、しかし断念の技法を網羅してしまうこと。悩みの内容と形式が一致している！

読書猿　キーワードが見つかると構成がパッと思いつくことは多いですね。『独学大全』も「独学の本を」という依頼を受けてから、30分後にはほぼ完成したものと変わらない目次ができてたんですよ。できるときはできる子なんです（笑）。あとは「ToDo をつぶしていく作業に入っていけるのでそこまで苦ではありませんでした。

瀬下　すごいなあ。ぼくは構成が決まって「ToDo をつぶす段階になるともうやりたくなくなっち

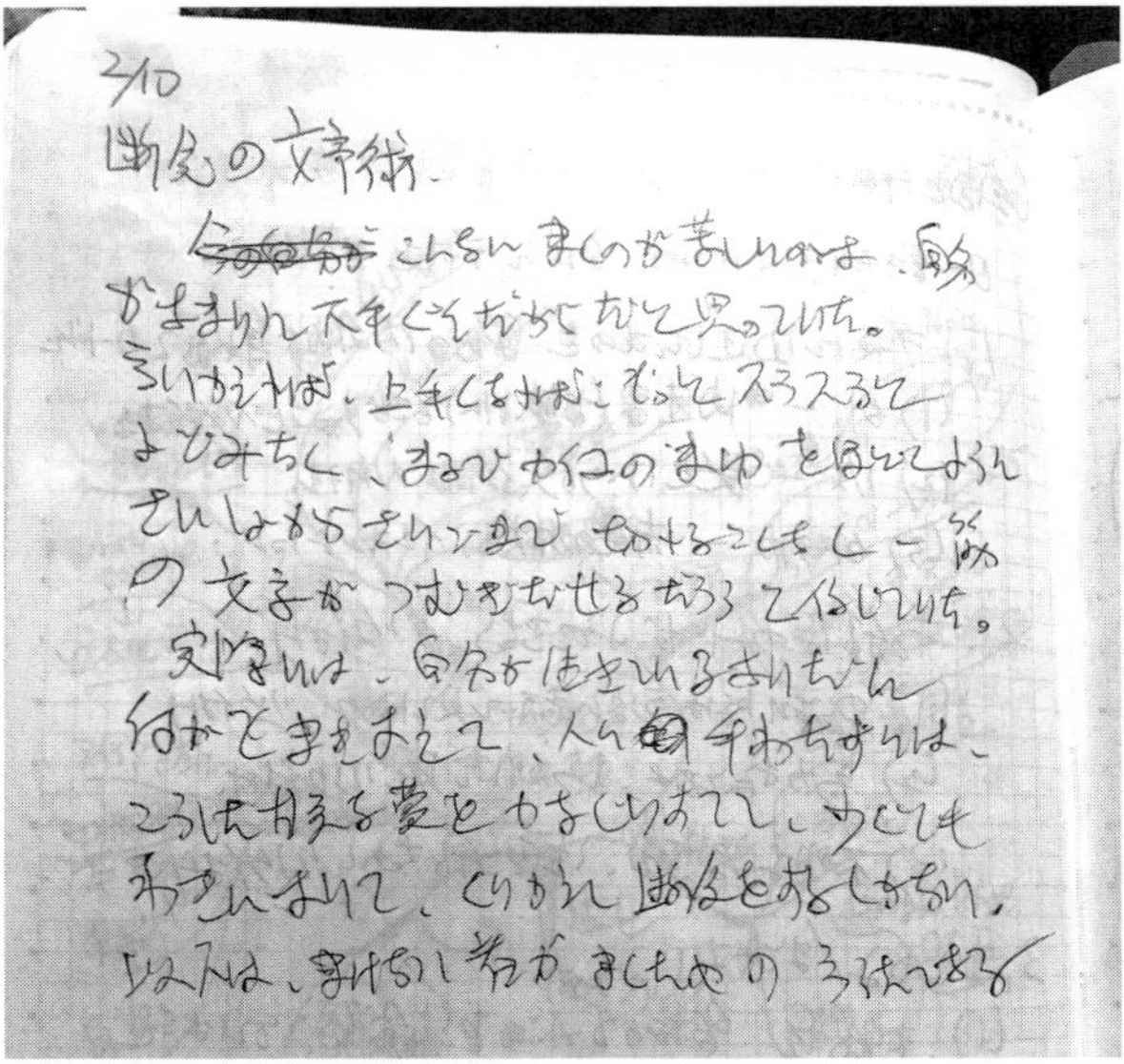

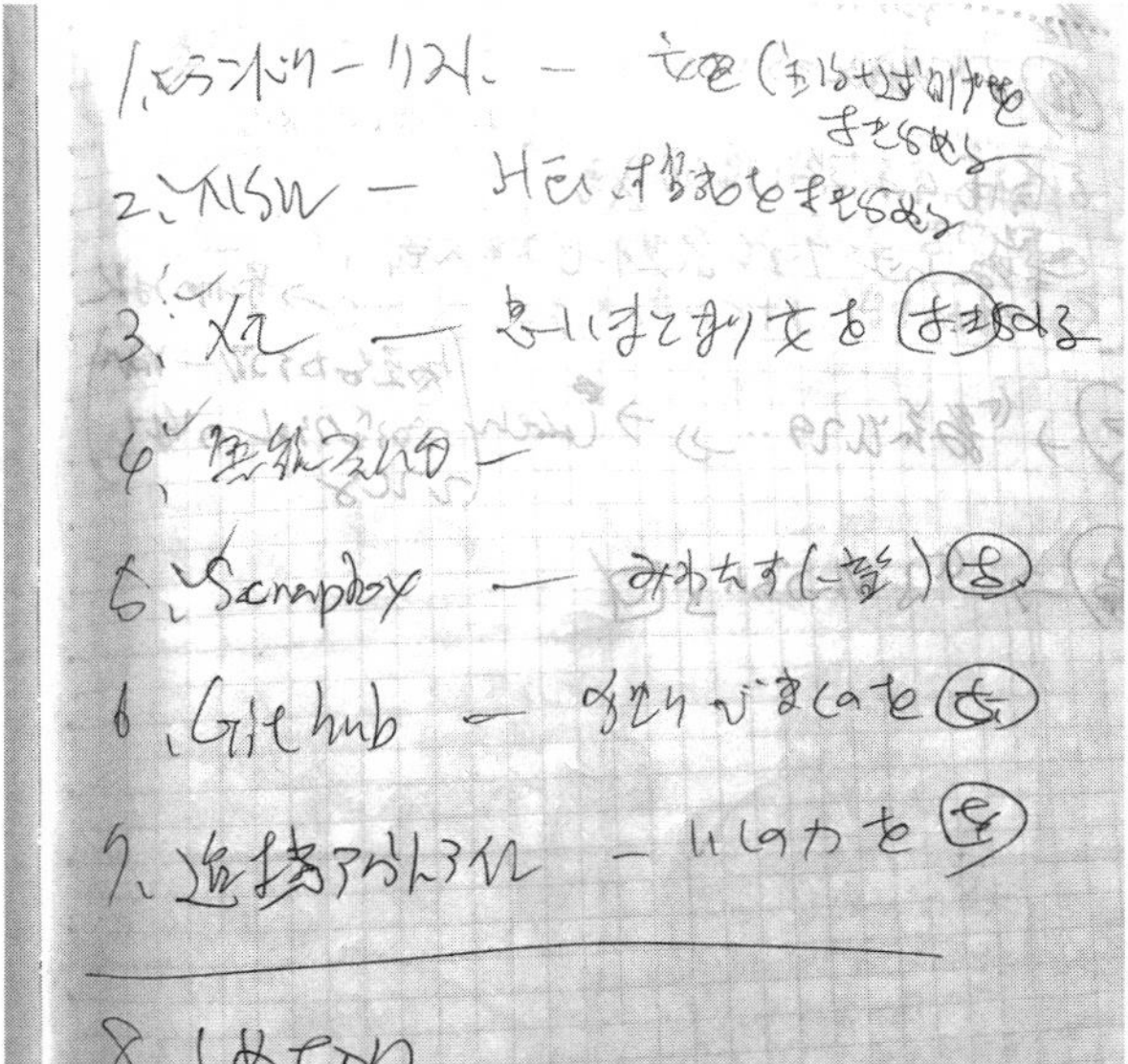

読書猿さんの手書きメモ。2月10日には「断念の文章術」という
タイトルが記載されている。

ゃいます。大枠ができてしまうと、それからもう手を動かせなくなる。

千葉　わかります。あまり最初に箱をつくりたくないっていう感覚はありますよね。Notion っていうサービスを試していて、ノートアプリというよりデータベース機能が主なので、箱をつくるっていう情報意識をすごく強く持つことになるんです。それが自分にはあわなかった。WorkFlowy はにょろにょろと線を描くようにアウトラインを構築できる感覚があって、そちらの方が自分の体感にはあっている。

瀬下　原稿の構成案を思いついた瞬間は「いいぞ！」っていうワクワクした感覚があって、実際にその骨格にあわせて ToDo を消化していける感じがしますよね。ぼくはこれを「生きた構成」と呼んでいまして。しかし、たいてい次の日には、こういうふうに書かないといけないという義務感だけを生むばかりで、具体的な書く行為を支えてくれない「死んだ構成」に変わってしまいます。最近では、構成はつくってもどうせ死んでしまうから、なるべく構成を決めずに書き始めたいと思っていました。でも読書猿さんの原稿を読むと、構成が生きている間に突っ走って書いてしまおうという感じがして、最初に構成をつくるスタイルにも挑戦したくなりました。それにしても、『独学大全』みたいな分厚い本のToDoをつぶすモチベーションを維持できるのはすごいですよ。

読書猿　いや維持できてないんです！　3年間かけて執筆したと言いましたけど、自分がPCに向き合って書いている期間自体はすごく短い。1ヶ月、2ヶ月くらい一文字も進めないということもざらにありました。なんとか発売まで漕ぎ着けられたのは、編集さんや出版社さんがいての仕事だということ、「自分一人でやってるわけでない」というのが大きかったです。これも外部足場ですね。毎月進捗確認のメールがきて、がんばってないけど「がんばってます」って返事したり（笑）。それと、脱稿自体は発売の1年くらい前に済んでいたんですよ。しかしゲラにしたら850ページくらいあるわけで、どうしたらこの分厚い原稿を売れる形にできるかと編集さんは悩まれたと思います。コンパクトにしようとデザインやイラスト掲載なども含めたいわゆるエディットを相談して、削るところもあれば戻してしまう部分もあったりの試行錯誤を繰り返しました。そんななかでダイヤモンド社からほかに分厚い本が刊行されたこともあり、どうしようもないって諦めてあの形に落ち着いたと言えるでしょうか。つまり版元が『独学大全』をコンパクトな本にすることを断念するのに1年かかった（笑）。よくあの分厚さで出していただいたなと思います。

千葉　『独学大全』はすごい規模の書籍ですし、人文書でここまでヒットしたこともすごいです。ぼくは紙版も電子版も買いましたよ。読書猿さんの原稿は、前回の座談会での〆切と有限性の話題をまとめていただいた面があり、書けない書けないって悩んでいるのは先延ばしにしているだけだという指摘はその通りだなと思いました。「せいぜいこれぐらいだ」と切断するしかないんですよね。あと劇作家の北村想の話がおもしろかった。

山内　前回の座談会で話題になった小泉義之さんみたいなタイプですよね。

千葉　でも最近はぼくも速く書けるようになってきたんですよ。

すべては中間から始まる

山内　千葉さんは出だしでつまるっておっしゃってましたよね。

千葉　もう乗り越えましたよ。

山内　おお！

千葉　「出だし」という概念をなくしました。というところでぼくの原稿についてですが、まず〆切当日に出すものじゃないですよね、原稿って。

一同　（爆笑）

千葉　むしろ1日遅れるくらいが品がいいんじゃないかと（笑）。それに、本当の〆切を編集者は言わないわけですよね。二重底、三重底になっている。

――コメントしづらいですが、おうおうにしてそうですね。

千葉　ホームパーティーとかにお呼ばれしたときに約束の時間にぴったり着くのは品がないじゃないですか。それに似ていますね（笑）。

瀬下　大遅刻の自分はどうリアクションしたものか……。

千葉　それで、書き方ですが、ここのところは、重い腰をあげて「書く」ことに向き合うのではなく、たまたまいろんなことが同時進行しているなかで少しだけ原稿にとりかかってみたりして、その流れで書けるだけ書くというやり方です。「すべてを行きがかりでやっていく」というフォーム。それで、語尾も「です・ます」と「だ・である」という敬体と常体が切り替わっていて、書かれた時の流れをパフォーマティブに表す仕組みになっています。途中でアプリの使い方を細かく書こうかと考えましたが、そこまで網羅的にしなくていいかなと続けていきました。情報密度の計画も調整もしなかったです。最近自分が実践している「即興で書く」ことのひとつのサンプルですね。そして最後にたまたま「です・ます」に戻り、偶然性それ自体をテーマにしていたことが偶然の流れで示されることになった。

山内　この原稿は書き出しから脱力してますね。「とりあえず」と始まって「ぼやぼやしていた」という抜けた表現にツイートが続く。でもさりげなく練られた自然体という感じがあって、語尾表現もコロコロ変わるのに、最後には「です・ます」に戻るというオチがある。ちょっとかっこよすぎぎん？　と(笑)。

千葉　書き出しの処理は、日記みたいに始めちゃうと「出だし」という概念を消去できるんですよ。あとでそれをカットしてもいいし、それを残してもいい。そしてオチは即興を信じる。むしろ計画すると、ああいう形にできない。授業で喋るときも、「あっ！　ここで冒頭の話に戻るんだ」という即興的な流れが大事で、計画性を意識すると抑圧がかかってそういう展開が起きなくなってしまう。小説を書いていても、意外な場面が突然展開するのは、箱書きというかプロットを固めた状態じゃなく、そこから外れていくときですね。ただ長めの文章を書くとなると、瀬下さんが言ったような「生きた構成」を維持することと場当たり的に走り出すこと、その両方で書くイメージになりますね。

瀬下　千葉さんがいちばん実践のレベルで変化している印象でしたね。書くことの苦しみから自由になっている！

千葉　いや、前よりはマシですが苦しみはあります。なかなか手をつけられないのを自分を騙すようにしてやっているわけで。中編小説を2年間かけて2作品書いた経験は大きかった。前にお話ししたときは、まだ「文章を書く」ということを固くとらえていました。砕けた書き方になったいちばんの要因は小説を書いたからだと思います。『デッドライン』[*2]は、話し言葉が断片的に続く部分がある一方でちょっと構築的な部分もある造りになっています。「ぜんぶを話し言葉のように書かなくてはいけない」と思い込むのでもないのがポイントです。部分的には説明的であったり構築的になったりしても、気にしないようにしています。その書き方がほかのジャンルの書く仕事に影響を及ぼしていったのが、ぼくのここ最近の実感ですね。小説を書くときは保坂和志さんの文章が参考になりました。また佐々木《ささき》敦《あつし》さんの仕事ってすごいなあと最近あらためて感じています。佐々木さんはけっこう冗長性が多い書き方をされていて、凝縮的でない印象なんですよ

＊2　千葉雅也『デッドライン』（新潮社）　修士論文のデッドラインが迫る「僕」の日常――　ハッテン場での刹那的な交流や大学院でのゼミ風景などを綴った小説。第41回野間文芸新人賞を受賞し、第162回芥川賞の候補作に選出された。

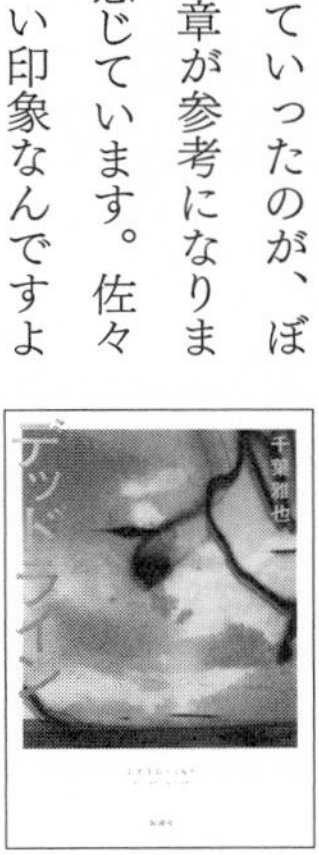

ね。韻文のようにぎゅっと詰めていない、繰り返しも多用してたっぷり余裕を持って書いているることが読みやすさに繋がっている。ぼくは前から「佐々木さんはなぜこんなにたくさん文章を書けるんだろう」と疑問だったのですが、そこにはある種保坂的な文章と近い感覚がある気がしました。

山内　小説の執筆を経たことで部分部分のバラバラさを抑圧的に統合せずに書けるようになったと。語尾表現が混在しているところも含めてすごくアナーキーに感じましたね。ぼくだったらもう一度頭に戻って書き直してしまいそうなところが、脱力したままになっている。

千葉　今回はそのだらしなさを許すことにしました。冗長性の話なのですが、蓮實重彥の文体も冗長性がポイントですね。あの独特のスタイルは書きやすくするためのものだと捉えると腑に落ちるんです。蓮實さんはきっともっと切り詰めた書き方もできるはずで、あえて大仰な芝居がかった書き方をするのは書きやすくなるからだと。その大仰な調子、ちょっと偉そうな感じに読者はほだされてしまうわけですよね。そしてみんな真似をした。なぜ真似したかというと、おそらくああすると書きやすいから。それをぼくは「冗長性フォーム」

と原稿で呼んでみました。必要十分に煮詰められたものを書くのでなく、冗長性がだらしなく流れ出してしまうことを許容するんです。

読書猿 いやあ、ぼくはぜんぜん変われてないと千葉さんの原稿を読んで思いました。「ああ、断念が足りてねえ！」って。山内さんと同じで、ぼくはこのやり方だと最初に戻って書き直してしまうんです。自分は整ったものにしようとゼロから書き直すことが多々あって、今回くらいの短い原稿ならテイク10くらい平気でやっちゃう。千葉さんが今回あえて残している揺れや切り替わりを、重いローラーをかけて消してしまうんです。その書き直しローラーへの執着は、自分でも強迫症っぽい病的なものを感じているんですが（笑）。ただ、自分も本当はたくさん書きたいんです！　実はもっとたくさん書きたいと思っていたことに、この原稿で気づかされました。

千葉 最初から遡っていらない部分を削ってしまうと、この原稿ってかなりの部分がなくなっちゃうんですよ。実質的なものだけ書こうとすると、文章は長くならず、時間ばかりかかってしまう。学者的な観点から、昔のぼくは「小説を書くのは愚かだ」と思っていたんですね（笑）。無駄な部分が多く感じられて、なんで論文的に内容を凝縮して書かないのか。逆に文学性を追求するなら詩があるわけじゃないですか。詩のように凝縮された表現があるのに、なんで小説なんて長ったらしいものを書いて、それを読ませて人の時間を奪うんだと。だから長らく「小説を書いてみたら？」と言われることはあってもやらなかったんです。それを強いて実践してみて見解を変えました。小説を書いているなかで、言語のあり方として気づいていなかったレイヤーがあることがわかってきたんです。内容中心に整理しようとしたら削ってしまう部分が大事なんですよ。それは単なる無駄ではなくて、そこである種のリアリティや複雑な内容性が発揮されることがある。圧縮して書こうとすると、無駄を削っているようで内容を削ってしまうんです。内容100％でも遊びや冗長性100％でもない文章のバランス、その中間性でなければ書けないものがあることに気づきました。そのレベルを駆使すると実に様々なものが書けるんです。もっと言うべきことがあるのに、学者らしい節約の発想でかなり重要なものを削っている可能性があると考え方が変わったんです。「すべては中間から始まる」というスタンスになりました。

「雑」を肯定する

瀬下　最近、たまたま司馬《しば》遼《りょう》太郎《たろう》を読んでいまして。司馬作品って、いわゆる講談調というか、筆者が物語を話して聞かせているような文体で書かれていますよね。千葉さんの文章を読んでいて、司馬の文体を思い出しました。エッセイなのだけれども、普段の千葉さんがときおり顔を出すという。これを自分でやろうとすると、絶対おかしくなる気がするんですよ。「自然体」をデザインしようとしてしまって。

千葉　ポストモダン文学っぽさみたいな自意識が出てしまうケースもあると思います。難しいバランスですが、推敲《すいこう》しすぎないことはポイントですよね。『デッドライン』冒頭のファミレスのシーンで「お冷や」って単語が出てくるんです。それを保坂さんは「おもしろい」「ふつう水って書くでしょ」ってほめてくれたんですよ。[＊3] いま「お冷や」って言う人も減っているし。あと主人公が友達のマンションに行くシーンで「家賃はけっこうしそうだっ

＊3　千葉雅也×保坂和志「響きあう小説」『デッドライン』刊行記念トークイベント

た」っていう表現がありました。ここも保坂さんは評価してくれて、「ふつうバカだと思われるって警戒してこんなこと書かないよ」と言われたんです。たしかに半分くらい演出としてわざとやっている。ただこれも最初に勢いで書きつけたことはたしかで、直さない選択をして残ったものでした。

瀬下　推敲する／しないの基準はどのように考えていますか？

千葉　リズム感もあるし「最初に出てきたものに真実がある」という一種の信仰ですね。最初から出てきたものは、後から分析して出てきたものよりも情報がたくさん含まれていることが多いと思ってるんです。それを分解して再構成すると情報量が減ってしまう。

山内　たしかに削る方向で推敲しちゃいますよね。

千葉　モダンな感覚だとそうなると思う。これは与太話の範疇で聞いていただきたいんですけど、最近栄養士の方が「すべての栄養が入っているという万能栄養食みたいなものがあるけど、そもそも食べ物が持つ栄養素の成分分析が１００％できているわけでもないのに、それを再構成できているとするのは人間の傲慢だ」って主張している記事を見たんです。食べ物の栄養素の分析って終わってないんだというのがまず衝撃だったんですけど（笑）、最初に自然に出た文章にも分析しきれない栄養素がきっとあるんです。だから「自然の食べ物を食べるのは大事」と考えるように、最初に自分の口から出てきた言葉、つまり「自然の食べ物」が大事であると。それを分解して再構成してしまうと脱落してしまうものがある。

山内　「プロテインを摂取《せっしゅ》するのではなく鶏肉を食べよう」みたいな（笑）。

千葉　やっぱり鶏肉からしか摂《と》れないものがあるんですよ。

山内　そういえば千葉さんと瀬下さんはnote[＊4]をやってるじゃないですか？　それが散文的な文章を書くことに対していい影響を与えてたりするんですか？　鶏肉のすごさを理解できたみたいな。ぼくの場合は、まずダーッと間延びした散文的な文章が出ちゃうんですが、ど

＊4　note　文章投稿プラットフォーム。右：千葉さんのnoteページ　左：瀬下さんのnoteページ

うしようもないものなんで、それを圧縮して推敲してようやくまっとうな原稿にするというイメージなんですよね。

千葉 山内くんも圧縮しないでいいじゃない！

山内 そうかもしれない（笑）。

千葉 noteは書くことの練習になりますよね。「諦め」ってもうひとつの表現が「許し」じゃないですか。noteは「許し」がある執筆環境なのかもしれないです。段落を字下げしない感じとかいいですよね。

瀬下 そうなんですよ。noteはエディタから最終的に公開される画面まで、全体的にてきとうでも大丈夫。赦しのサービスだなと感じます。一文がつらつらと間延びしていても、反対に箇条書きやメモのようにぶつ切れになっていても、なんとなく記事として成立しているように見える。字下げしなくても自然に見えるし。

千葉　最近それに慣れてしまって、ほかのツールで書くときも1字下げをしないで1行アキで文章を書いています。そのほうが連ツイみたいな感覚で書ける楽さがある。

瀬下　エディタで字下げしてしまうと、改行に過剰な意味が与えられてしまう気がするんですよね。「字下げしたところまでは文章が整えられましたね？　しかし、この下にはまだ未整理の文字列がありますよ？」と進捗を見張られているような気分になる。

千葉　なんか権威的な視線が入ってくるよね。

瀬下　そうですそうです。それで書くのが不自由になってしまう。

山内　なるほど、あの形式が気楽さを与えてくれるんですね。メールもそうだけど1行アキのよさはわかるな。いやー、ぼくも最近 note とか Podcast[*5] とかやってみたいなーという気持ち

＊5　Podcast　音声・動画配信サービス。ラジオのような音声コンテンツの配信・視聴に多用されている。

がだんだん出てきてるんですよね。でも誰が読むのかと……。

千葉　ぼくが読むよ。

山内　マジか！　毎回コメントでダメ出しされるんですかね（笑）。「まだ固い！」「まだ許せる！」って。

瀬下　それから、先取りしてしまいますが山内さんの原稿は、70年代くらいのビジネス書に似ているなと思いました。実用的な内容でありながら、見出しの切り方がエッセイのように自由だなと。

山内　おれは70年代からやって来たからな……（笑）。

千葉　梅棹忠夫《うめさおただお》の『知的生産の技術』[*6]とか、文学的にも読めるものね。世代的な感覚もあるかもしれないけど。最近のビジネス書のすっきりした文章は新しい文章だなって思いますよ。

瀬下　そうですね。1990年代の新書ブーム以降というべきか、2000年代のビジネス書ブーム以降というべきかわかりませんが、ぼくも世代的にそういった文体から影響を受けていると思います。章立てや見出しが幾何学的で、文章もプレーンな感じの文章。千葉さんや山内さんの原稿は、その感覚とは違っていて、いつも仕事でつくっているビジネス系の記事にも別の文体やリズムがありえるかもしれないという気持ちになれました。

千葉　見出しのカテゴリーのレベルが変わるのを気にするのはやめました。ぼくも昔は、それこそ自分のためのタスク管理の一覧でさえ綺麗にしないと気がすまなかったのですが、あの行為は本当に生産性を損ねるので。瀬下さんが言うように、昔の本は今より雑でしたね。

*6　梅棹忠夫『知的生産の技術』（岩波新書）　文化人類学のパイオニアである著者（2010年没）が、学校では学べない「知識の獲得のしかた」の案内を趣旨とし、手帳・ノート・メモの取り方や読書術、執筆術などを紹介している。

以前『メイキング・オブ・勉強の哲学』の読者の方に、「あの本雑ですね〜」「雑で素晴らしい！」って言われたんですよ（笑）。それがすごく印象に残ってます。言われてみればわかるんですけど、それまではっきりとは「雑」を肯定的に捉える価値観を持っていなかった。それで思い出すんですが、博論を書いていた時期に『文藝』の企画で月曜社の小林《こばやし》浩《ひろし》さんと対談したんですよ。[*7] あの頃のぼくはくだらない学者根性があって、『超訳 ニーチェの言葉』[*8]をくさしたんです。あの本は出典の記載がないので、ニーチェの原典のどの部分から採用されている断章なのかわからない。原文に当たって翻訳のチェックをしたくてもできない、と。いまではディスカヴァー・トゥエンティワンっていう出版社はすごくおもしろい本作りをしているという認識に変わったし、超訳シリーズも、思想とのああいう関わり方もあっていいと思うようになりました。機能的に洗練されきっていない本、ミース・ファン・デル・ローエみたいなモダン建築じゃなくて、日本の建売住宅みたいな造りの本でも魅力がある。昔のぼくはコンクリート打ち放しみたいな文章じゃないと許せな

＊7　『文藝 2010年冬季号』（河出書房新社）特集「ひと足早い これだけは読んでおきたいブックガイド2010」の【哲学／思想】編として掲載された。

＊8　白取春彦編訳『超訳 ニーチェの言葉』（ディスカヴァー・トゥエンティワン）誰でも気楽に読める古典として、ニーチェの言葉が平易な現代語訳で抜粋されている。

かったんです。ガラス、コンクリート、大理石！　みたいな（笑）。そうじゃないなと最近は思いますね。

山内　しかし建売住宅を目の当たりにすると、建売か……というモヤモヤが残りません？　建売住宅の魅力やおもしろさはわかってるつもりなんですよ！　でも、よくよく見るとなんでこんな素材なんだとか、なんでこんなちっちゃい窓がこちゃこちゃついているんだとか思ってしまう（笑）。

苦しくても書ける

山内　と、そろそろぼくのターンですかね。この頃ぼくがどう書いているかというと、1年くらい前に作庭現場のフィールドワークをして、それを本にする作業をしてるんですけど、Evernoteをフィールドノートとして活用しているんですね。並行してWorkFlowyで「ログ」という日誌を残していた。今回の原稿ではそういう執筆方法の変遷を整理していて、その執筆過程もログに残しているのでそれも原稿に織り込んでます。ログの効用もあってか執筆自体は順当に進んで、最終節の冒頭に書いているように、〆切当日の早朝には最後の節を書いている。昼頃にはほぼ完成して、あとは締めるだけとなった最後の段落に突然「渾沌さん」が出現して（笑）。書くことについて考え続けていたからだと思うんですが、はじめて書いた修士論文の公聴会の記憶が蘇《よみがえ》ってきたんです。そこで言われた言葉は今こそよかったなと思えるのですが、そのときは悔しかった。本は好きで読んでいたけれど修士までは美術制作しかしてなかったし、論文の組み立て方も知らない。というか論文がなにかもまだわかっていなかった。だから完全に徒手空拳《としゅくうけん》で修論を書いたんですよ。先生も制作の先生だから書き方を教えてくれるわけじゃない。たまに研究室を訪ねて禅問答みたいなことを繰り返しながら自力で書き方を編み出すしかなかった。そんな修論執筆時のいろいろを思い出したときに、この本ってあの頃のぼくのような学生もふくめて、なんとか書きたいけど書けないでいる人が読むだろうなって思ったんですよ。とすると、いきなりフィールドワークとかEvernoteの話をするのは違うんじゃないかという気がしてきて。それで最終段落に出現した「渾沌さん」を冒頭に持ってきたんですよね。お前しかいない、という感じで。〆切当日にやってしまった……と思いながらもその日はとりあえず寝た（笑）。翌日から冒頭の節をあらためて書き加えて提出しました。なので2節目から読んでもちゃんと始まりますよ。

——この改稿があったおかげで、すごく感情的な共感や励ましを感じる読者の方は多いと思います。結果的にですが、〆切を破っていただいてよかったです。

山内　書くことにたいする欲望や幻想がないと書けないよなと感じたんです。たしかにこれまで断念する、諦めるという話をずっとしてきたけれど、これから書こうとする人にはなにかよくわからないざわつきや予感だけがあると思うんです。たしかにアプリの選択やルーティンの構築で書き進めることはできる。けれどそういう操作可能な水準を語る以前に、そもそも書くことへと突き動かされる根本のところを拾いたいと思ったんですよ。この改稿がよかったのかどうかは自分でもよくわからないんですけれど。

千葉　あの過程を見ていると、最終的な文章をすごく遅らせている感じがしました。もっと前段階でかなりのものが書けているのに、「これではまだ文章じゃない」って自分でホールドして、書き直すというプロセスを加えている。「こんなことしなくていいじゃん!」ってぼくは思っちゃったんですよ（笑）。きっとフィールドノートの段階のテキストをWordに移してちょこちょこ直せば書籍になるクオリティにあるんじゃないかと。

山内 そうかもしれませんね。

千葉 そこから先はやらなくていいと思うよ！

山内 マジっすか！（笑）

千葉 フィールドノートの言葉数を増やしてリーダビリティをあげるだけで充分なんじゃないかな。「文章をフォーマッティングしなければいけない」という強迫観念をすごく感じた（笑）。

山内 それは自分でもわかってる（笑）。でもぼくはずっと美術制作したり庭師したりしてきた人間でしょ？　ゴリゴリに理論をやってきたわけじゃないから、逃れた方がいいというそのフォーマットに辿り着いたことがないっていうコンプレックスを抱えているんじゃないかと思うんです（笑）。

千葉　諦めよう！

一同　（爆笑）

山内　わかってるよ！　でもそういうところがあるんですよ（笑）。

千葉　わさわさ湧いてくる言葉を抑圧する必要はないんじゃないかなと思いましたね。もうひとつ、渾沌の話なんですけど、「渾沌に目鼻を空ける」という荘子の言葉[*9]は、「渾沌に穴を空けて秩序づけると台無しになってしまう」という秩序への批判だと思うんです。デリダの言葉でいうと秩序のパルマコン性の指摘、秩序は毒にも薬にもなるということを言っているのではと。だからその先生の指摘は「君は渾沌のままだ」というより、「下手に秩序づ

＊9　渾沌、七竅に死す　中国戦国時代の思想家、荘子が記した「応帝王篇」の寓話。南海の儵と北海の忽が中央の渾沌にもてなされた。そのお返しに、渾沌に人間の目口鼻耳と同じように七つの穴を空けたところ死んでしまった。

けて君の渾沌を台無しにしてしまった」というニュアンスじゃないかと思ったんだけど。

山内　その解釈に辿り着くまでに時間がかかったんですよ。実は主査の先生も審査のあとでそのようなことを言ってくださったんですけどね。けれどまだ若かったぼくは端的に「失敗したね」と言われたように感じて。あの言葉は「ちゃんと秩序づけることができなかった」という外傷として、さっきの言葉で言えばフォーマットに辿り着けなかったという悔恨《かいこん》として尾を引くことになった。今回、ようやくその外傷が心底どうでもよくなるタイミングだったんでしょう。だからこそ、このわだかまりのある逸話がすっと想起されたのだし、かつ、それを晒すこともできたんじゃないかと思うんです。別様の解釈の可能性がようやく実感されたというか……って、なんでぼくだけこんな青春メロドラマな話になってしまったのか（笑）。書き換えずに〆切当日の昼に出すこともできたと思うんですけどね。

千葉　いや、渾沌の話はよかったですよ。

読書猿　あれが入ったことで、いい意味で教育的な原稿になったと思いますよ！　ぼくは読む人のことなんて考えてなかった（笑）。文章の書き方の本って、文章を書ける人が文章の磨き方を説明しているものが多いと思うんです。でも山内さんの原稿のおかげで、この本は文章が書けない人が手に取ったときに「これは自分のために書かれている」って思ってもらえるようになったはずです。書けないってどういうことか、秩序は毒かもしれないが秩序を求めてしまう心性も大きな要なんだろうと思います。ぼくも文章を山内さん以上に書き直すタイプなんでわかりますよ。渾沌に目鼻をつけたいという欲望も、人を書くことに向かわせる欲望のひとつとして付き合うしかない。台無しになることもこんなの無駄だともわかっていながら、ぼくはきっと書き直し続けるんです（笑）。自分と同じ病を山内さんの文章に見つけて勇気づけられました。

千葉　「諦めなきゃ！」ではなくて、「諦められないということを諦める」というか、ほとんど修行みたいな話ですね。森田《もりた》正馬《まさたけ》[*10]という日本独自の神経症療法を創始した医学者が「あるがままに生きる」と言ってるんです。でも「あるがままに生きる」というのは「あるがまま

*10　森田正馬　医学者、精神科神経科医。1938年没。不安症に対し「あるがまま」の心の姿勢の獲得を援助する独自の精神療法「森田療法」を創始した。

になれない」こともあるがままに受け入れるということだという。

瀬下　山内さんの原稿は、ご自身の実存といいますか、苦しみや悩みがそのまま書かれているようでおもしろかったです。とくに執筆状況を記録している部分が最高でしたね。7月9日の「『石組3』409字」とか「頭が働かず書けず…雨？　低気圧？　難所？」とか、本当に進まなかったんだろうなって（笑）。

山内　「ログ」もそのまま露出していいのかだいぶ迷いましたよ。朝コーヒー飲んで「今日も執筆がんばるぞ」って思うのみならず、それも書いてるってだいぶ変態じゃないかと（笑）。でもああいうことを書きつけながらだんだんと執筆モードに入っていくんですよね、不思議なことに。朝からツイッターやニュースのチェックを始めるのではなく、「今日も書くんだな」と自分を納得させるみたいな。そのモードを醸成《じょうせい》するためにおそらくルーティンが必要なんですよ。コーヒー淹《い》れるとか煙草吸うとか。神経症っぽい話になってくるんですけど。

瀬下　ぼくは文章執筆に関する手法や習慣は絶えず再構築されるものだと思っています。いまは効果を発揮していても、状況が変わったら効果はなくなるかもしれないし、そうなれば別の方法を考えるしかない。ただ、その考えを忘れてしまい、ルーティン自体にフェティシズムが働いてうまくいかなくなることがあります。山内さんの文章は、そんなフェティシズムの問題に取り組んでいるのかなと思いました。

山内　ヤバい人代表ってこと？（笑）

瀬下　いやいや、苦しんでいる人代表です（笑）。原因不明の書けなさに悩まされながら、どうにか執筆のルーティンをこなそうとしている人にとって、ヒントになると思うんです。たとえば、気圧による不調がしばらく続いてしまうとか、スランプというほど劇的ではないけれど「ちょっと中断しちゃう」ような感覚でズルズルと書けないまま時間が経ってしまうとか、そういう経験がある人にとって山内さんの文章はリアリティがあると思います。

山内　3日間、机に向かって座っていたのに100文字くらいしか書けないという悲劇もままありますからね。マイナスになるときさえある。

千葉　山内くんはまめに記録してますよね。ぼくも書けないときはあるけれど、そうなるとモニターに向かい合わないからなあ。

山内　ひどいときは、ぼくも向き合えませんけどね。7月9日の記録は書ける状態のなかでヤバかった部分で、書けないときはもちろんログも残りません。たとえば学期が始まって講義やなんやでルーティンが破壊されてなにも書けなくなるとかあります。飲みに行って次の日起きれなくて、それが翌日にも響き「いったい何日連続で朝起きれてないのか⁉」みたいなことになり、そのうち考えるのも嫌になってすべてを忘却していく。

千葉　いいじゃん、そのくらいべつに気にしないで！

山内　でも朝の時間にしか書けないんですよね。

千葉　自分だってそうなんだけど、本当に山内くんは真面目だなあと思います。

山内　症例報告としては、いい原稿になったと思います……（笑）。

「執筆」から「編集」へ

瀬下　ぼくはいわゆる「執筆」のイメージからなるべく遠く離れたことを書きたいと思って、この原稿をつくりました。ツイキャス[*11]で喋ったことを文字起こししたり、過去にnoteに書いてたものを再編集したり、ズルみたいなことをいっぱいやって、その経験をまとめたものです。それから、もうひとつテーマにしているのは、執筆における「苦しみ」の問題です。ぼくにとって、とにかく執筆は辛くて苦しくて、単純にメンタルヘルスによくない。書けないプレッシャーで布団から出られなくなるほど悩むこともあります。今回の原稿は、執筆に際して生じる暗い気分についてもなるべく隠さず表現しました。ぼくの場合、執筆

*11　ツイキャス　モイ株式会社が運営する音声・映像のライブ配信サービス。1回30分を単位として配信を行うことができる。

の方法論とそれを実行する自らの心身の状況とはいつも相互作用を起こしがちなので、ノウハウだけを書いても仕方がないからです。

山内 ぼくからすると、瀬下さんの原稿がいちばん執筆の苦しみが滲《にじ》んでいて、むしろ安心感から笑ってしまいました。〆切をこんなにオーバーしておいて、バカンスなのかって(笑)。

瀬下 いやはや。バカンスというのはすべての規範意識を捨てて一度思い切りサボることが進捗を生むという話で、有言実行しました……。

千葉 コラムを依頼したら箇条書きが届いたエピソードとか、すごく参考になりました。いわゆる「文章を書く」という意識とはまったく違うところで世間の「書く」という行為は行われている。ぼくにとってのテーマは大学院で受けた教育の乗り越えで、要するにインテリの世界ではこういうふうに振る舞わないとバカにされるんだっていう規範とどう闘うかということなんです。もっと広い世界のなかでこれだけ雑多な文章があるんだというのはおもしろいですよね。自分もその方向に向かってきました。自分の父が広告代理店をやっていたこともあって、出発点はそういう文章にあったのに、やっぱり大学院で去勢されたんですよ。瀬下さんが紹介してくれたエピソードは自分の原風景的なものと似ている感じがしました。

瀬下 ぼくはそういう教育を受けたわけでもないのに人文系の文章に憧れがあって、ヘンに難しく書こうとしたり、文体がおかしくなったり、ワナビー的な状況が長く続いていました。けれども、単なる箇条書きが「コラム」として送られてきたとき、これまで無意識に「文章」だと思っていたもののイメージを壊されたんですよ。最初は戸惑いましたが、これをぼくが直して文章が完成したらそれでいいんだよなと思うと、だんだん元気が出てきました。いろいろなやり方があるんだよなって思えてきて。それで自分の文章についても、ある程度わかりやすく書かれていればなんでもよいと考えられるようになりました。

千葉 ぼくも明快な論文指導を受けたわけではなくって、東大の表象文化論ってワナビー的な実体のない文章への信仰を煮詰めたような空間だったんですよ。だから自分では、ワナビーのままプロになってしまったと思っています。たとえば、ちょこっと先輩に指摘されたことが強烈に印象に残っていて、わずかの誤字脱字すら絶対にやってはいけないんだと思い込んでしまった。でもいま思うと、やたら研究者って自分の校正に過剰なプライドを持っているんですよ。校閲より俺の方がすごいぞという自意識をしばしば学者は持っていて、それはおかしいと思うんです。人に任せられない、自分がいちばん完璧にできるんだみたいなプライドがインテリの世界にはある。そこから抜け出すというのが、自分のなかのテーマでした。

瀬下　なるほど。今回の原稿は、まさにそういったプライドをかなぐり捨てて書きました。編集的なやり方と書いているのがそれですが、「ライター」としての自分が文字起こしなり箇条書きなりといった「メモ」をつくり、「編集者」としての自分がそれに対してツッコミを入れていきながら「文章」にまとめあげていくという方法です。

――編集の立場の自分には、瀬下さんの方法論はすごく腑に落ちるものでした。

瀬下　ありがとうございます。この方法で書けるようになったのは、『新プロパガンダ論』[*12]という辻田《つじた》真佐憲《まさのり》さんと西田《にしだ》亮介《りょうすけ》さんの本の構成をお手伝いした経験があったからです。『新プロパガンダ論』は、ゲンロンで行われた長時間の対談をもとにしています。1回のイベントの文字起こしが10万字を超えることもあって、それを短くまとめていくという作業を何度も繰り返し、最終的に一冊の本になる。この作業を経験したことで「情報量のある文字がたくさんあれば、整理されていなかったとしても必ずまとめられる」という自信がつきました。ですから今回の原稿も、あらゆる手段を使って文字を増やしていった。自分の感覚では、少なくとも要求される原稿の2倍くらいの文字を用意しておくとうまくいきます。筒井《つつい》康隆《やすたか》『富豪刑事』は、お金持ちが大量の金を使うことで事件を解決しますよね。原稿も同じで、情報量を事前にたくさん用意すればどうにかなると考えています。

千葉　音声入力をベースにするときは、文字起こしのエディットを自分一人でやるイメージにな

*12　辻田真佐憲、西田亮介『新プロパガンダ論』（ゲンロン叢書）　近現代史家・辻田真佐憲と社会学者・西田亮介が現代日本の政治広報や情報戦略、プロパガンダを分析し、政治状況を読み解く連続対談の書籍化。

りますね。インタビュー原稿の校正くらいの感覚で文章を書くという気分でやると苦労しないんですよ。その感覚に近づこうとする意識はぼくもありましたね。

瀬下　喋りをもとにすると、エディタにゼロから向かうよりも切り捨てたり諦めたりしやすいですよね。

千葉　もとが他者的なものだから割り切れるんだと思う。「書かないで書く」と前から言っていますが、みなさん共通して、ゼロから文章を構築するイメージから離れることを目指してきたように思います。自分が書いているとはいえ他者的に生じちゃっているものを拾い上げて、ゼロから立ち上げる感覚を減らしていくことで、オーサーシップが自分にない感覚に近づけようという考え方。

SECTION.2

「執筆」の我執から逃れ自由に「書く」

「執筆」から遠く離れて

千葉　ここまで執筆についてラディカルに語られている場ってなかったですよね。「我執から離れて他力へ」と全員の変化を分析できるのではないでしょうか。

瀬下　やっぱり「執筆」って言葉が癌《がん》だなと思ってます。書かなくても「原稿」さえできればいいんですよ。

千葉　だって、執筆の「執」って我執の「執」ですからね。

瀬下　筆への執着……おそろしい言葉だ（笑）。

千葉　「執筆」から離れないといけないんです。これは聞いた話なのでぼかして紹介するんですが、ある大家の初稿の文章って誤字脱字だらけらしいんですよ。校正者がものすごい量の指摘を入れて、そのゲラを真っ赤にして戻すと。その自由っぷりがすごいと編集者が話していたんですが、ぼくは検索機能をフル活用して漢字の閉じ開きまで完璧にしているんです。

山内　それやるわ〜、やるやる。

千葉　なので、その話を聞いて「自分はぜんぜんダメだな」と恥ずかしくなったんです。前にどこかで画像を見ましたが、椹《さわらぎ》木野衣《のい》さんのゲラもぐねぐねと赤字がうねってアートのようでした（笑）。ぼくはそんなに赤字入れないんですよね。校正までふくめて執筆のプロセスとしている事例があるんだなと。

山内　ゲラに大量の赤入れをするっていうのは、時代的な状況もありそうですよね。出版社にも余裕があったから編集者もそこに時間を割けたでしょうし、そもそも昔は検索機能なんてないわけで。あと現代人にとって赤は手書きで面倒だと感じるけど、かつては色が変わるだけでずっと執筆感覚だったのかもしれない。きわめて現代的な逸話ですが、ぼくは院生の頃に「編集者の人が大変だからそんなに赤入れたらダメだよ」って言われたことがありましたよ。それってかつての感覚で言えば校閲作業を自主代行しておけってことじゃないですか。神経症的執筆ここに極まれりというか。

千葉　今日の価値観だと、赤字は少ないほどミスが生じないという観点では好まれるでしょうね。ただ昔のほうが大いに自分の領分を発揮していたというか、自己規律化が進んだために書きにくくなったと思うんです。大学院教育もへんなプロフェッショナリズムを植え付けるように90年代からなってしまった。ぼくにとっては、ゲラになってからの赤入れって「執筆」という感覚ではないんですよね。だから諦めがつきやすい。最初に書くときから赤入れのつもりで書くとうまくいくはずなんですよ。

瀬下　これまでも話してきたことですが、さあ「執筆」するぞと意気込んでしまうと、妙な自己検閲が働いて書けませんよね。ぼくは10年ほど前の牧歌的なツイッターに気楽に連ツイを書き込んでいるときが、もっとも「執筆」の生産性が高かったように思います。

千葉　ぼくは基本的に昔からの連ツイのやり方を続けているつもりなんです。しかしツイッターは書きにくくなりましたが。

山内　この本の企画自体がツイッターから始まったわけですよね。そういう偶然性がツイッターの最良の部分だったわけでしょう。でも最近では自分の周囲を見てもちょっと閉じたところで文章を書く人が増えてきた印象です。

瀬下　ぼくは「サブアカを持たない」というイデオロギーを持っていたのですが、最近転向してつくったんですよ。そしたら気軽な感じになって、めっちゃ書けました（笑）。裏を返せば、ツイッターってすごいなと。文字列を生産するインターフェイスとして本当に優れている……。

千葉　アイデア出しの支援になるんですよね。クローズド環境をどう併用するかは真剣に考える必要があると思います。

山内　「書かないで書く」感覚の根源はツイッターにあったはずなんですけどね。

瀬下　「見知らぬ誰かを傷つけるかもしれないことに配慮しなければならない」というマナーというか規範意識が強まったので、「書かないで書く」感覚とはだいぶ遠いものになってしまいましたよね。

山内　そういうマナーや規範意識を若い世代は生まれながらにインストールしてしまうはずですから、それが超自我となって彼らの文章を抑圧することになるのかもしれない。

千葉　そうかもしれません。若い世代はクローズドなチャットで活発にコミュニケーションしている人も多いと思いますが。

瀬下　原稿にも書きましたが、ぼくもサブアカや身内だけのSNSに書き込むことが増えました。読書猿さんはツイッターで「マシュマロ」[*13]をやられてますよね。あれは執筆だと考えていますか?

読書猿　言われてみると「執筆」という意識は薄かった気がします。あれはワンドロ[*14]なんですよ。30分で書ける範囲で書いているし、答えを書ける質問にしか答えていません。なので、今だと2500件くらい未回答の質問が残ってます。あれは喋っている感じに近いかもしれません。反射的に応じているというか、書いた本から出力しているだけのこともあります。

山内　あれだけでおもしろい本になりそうですけどね。質問があって、次のページに読書猿さん

*13　マシュマロ　匿名のメッセージを受け付けるサービス。メッセージの募集、送信、回答を機能とし、ツイッターと連携してツイートとして届いた質問と回答を表示できる。読書猿さんによるマシュマロ全質問回答↓

*14　ワンドロ　1時間ドローイング(1時間で絵を描くこと)の略。本来は、ツイッターで時々実施される、お題に沿って60分間で描いたイラストを投稿するお絵描き企画のこと。

の答えが書いてあるみたいな造りの。

読書猿 実はかなりの文字数が溜まっているらしいです。すでに2000くらい答えていて、300くらい選んでみたけど600ページくらいになりそうと聞いています。

瀬下 反射的に応じているというのはすごい。読者からの問いかけに答えるという形式によって、ナチュラルに文章が出力されるわけですよね。ぼくも早くその境地に到達したい。答え方も上手ですよね。読者の質問がパッとしないものであっても、正面から答えずズラしたり、まったく別の話をしたり。

読書猿 たしかに、問いが天然ものなんでしょうね。ぼくは実際に喋ることというか、インタビューは苦手なんです。インタビューだと聞き手の方が原稿にするための質問をしているからか問いが人工的に感じてしまうんですよ。書いたほうがはやく整理できる設問に、うだうだ喋って後悔してしまうという。まあ1回1回の回答が短いからできている面が大きいんでしょうけど、「マシュマロ」はインタビューのような苦手意識はないですね。

瀬下　「受け答え」を文章にまとめる方法にもいろいろありますよね。たとえば、「聞き書き甲子園」という、森や海・川の仕事をしている方に高校生がインタビューして原稿にまとめるという取り組みがあります。このまとめ方が独特で、名人の語り口を可能な限りそのまま残し、一人称でまとめていくんです。初めて読んだとき、こういうスタイルもあるのかと新鮮でした。ほかにも事例を紹介すると、梅棹忠夫『私の知的生産の技術』[*15]という本があります。これは彼が視力を失ったあと口述筆記で書かれたもので、言葉は文字情報だけではないという宣言から始まっています。中身はさまざまな市井の人々の知的生産の方法を紹介したもので、梅棹と同じように目の見えない方の技術も紹介されています。雑誌やウェブメディアに掲載されるような原稿をつくっていると、業界の慣習でなんとなく当たり前になっているやり方を唯一の方法だと思いこんでしまう。そうではない方法論を知りたいですね。

*15　梅棹忠夫編『私の知的生産の技術』　名著『知的生産の技術』の読者たちの実践がまとめられている。それぞれの実体験に根ざした記述は、当時もいまも変わらない知的生産の工夫や困難を知るうえで役立つ。

読書猿　文章の書き方の本ってマナー本なんですよね。行儀作法の本。いまマナー講師ってありもしない規範をつくってお金を稼いでると批判されてますけど、文章のマナー本って基本的に「●●してはいけない」というべからず集なんですよ。正しい「文章」があるものとして、それを規範の形で説明するもの。でも、その規範に則《のっと》ったものだけが文章ではないはずなんです。いろんな書き方や文章がある。瀬下さんが紹介してくれたように、今日では書けないコンプレックスに作用している制約や規範の相対化が進んできました。文章読本も昔は谷崎潤一郎《たにざきじゅんいちろう》みたいな誰もが文章が書けると認める人が書いていたけれど、最近は作家だけでなく編集者やブロガーも文章術の本を書くようになってきた。でも、それが新たな制約を生んでしまう、新たなマナー本になってしまうこともあります。ただ、ぼくらのこの本は「●●してもいいよ」と促す、マナー本とは違うものにできつつあるのかなと感じています。

なぜ苦しいのに書くのか

山内　前回の座談会は執筆の苦しみをフィーチャーした感じがありましたけど、今回は執筆をどう作動させるかという話にシフトしてきた印象がありましたね。

千　葉　前回の座談会が2018年の4月でしたから、3年も経てば執筆スタイルは変わりますよね。

読書猿　こんなに書いてしまったら、ずっと「書けない」と言い続けるのはダメで、書いた責任を引き受けなければという気持ちはありました（笑）。

千　葉　この3年間でみなさん書くことをこなさなければいけなかったわけで、身も蓋もない話ですけど「書いていれば書けるようになる」ということはありますよね。量を書かざるを得ないから諦めざるを得ない、諦めるから量を書くことができるという相補的な過程があったと思います。

読書猿　振り返ると道々に「断念」がいっぱい落ちている気がします。断念と断念させるものを外につくり出すことで、自分のような人間でも書けるようになるというと聞こえはいいですが、実情としては「書くしかなくなる」と「書いてしまった」が積み重なっていくばかり。そして、すでに書いてしまった自分を認める＝諦めるしかないと。

千葉　やってしまったことを許すという境地ですよね。恥の問題でもあるし、恥をかくことを乗り越えるという話でもある。

読書猿　自分のお腹を見せてひっくり返るみたいな感じでしょうか。書くと残ってしまう、攻撃されてしまうことを仕方なく受け入れていくという。

千葉　アウトプットというのは、自分の身体から発出した時点で、いかなる内容であれ原理的に攻撃の対象になるんですよね。どれほど配慮したものだとしても。だから、なにもアクションを起こしていないかのようなバランスを心がけるのがふつうの生き方だと思うんです。何事かが外に出ている感じだけでも怖く怯《おび》えてしまう。書くことは、その怯えをいかに乗り越えるかということです。ぼくはここ数年で小説を書いたことが大きくって、それもオートフィクション的な小説を書いて、いろいろな見方をされるだろうなと覚悟しました。

第2作の小説[*16]も近頃に発表されますが、オートフィクションの問題を扱っている書き手なんだという自覚を強めて、居直ったんです。自分がどう書くかということは、文筆仕事を進めていくための考察でしたが、これが同時に自分の哲学テーマの核心にもなりました。

読書猿 行動することへの怯えであるからこそ、防御がほしいと文章のマナー本が受容されると思うんですよね。それで書けるようになる人には僥倖《ぎょうこう》ですが、怯えを隠すための執筆であれば書くことの本質をスポイルしてしまう作用もあるかもしれません。

千葉 マナー本は禁止の本だと読書猿さんが言ったように、外に出しているのに出してないように見える、角が取れた文章を書かせることになる。「書かないで書く」の逆で「書いているのに書いてない」という状態に陥ってしまうこともあると思います。「書いているのに書いてないことにするための技法が書き方本だ」という恐るべき

*16 千葉雅也「オーバーヒート」（『新潮』2021年6月号掲載）40歳の大学教員である「僕」が、ときにツイートのごとき神経質な述懐が溢れる言語過剰に陥り、ときに動物的な快楽に身を投じながら、人生の岐路にある自分を内省する様を描出した作品。第165回芥川賞の候補作に選出された。第45回川端康成文学賞受賞の短篇「マジックミラー」を併録した単行本が、新潮社から7月に刊行された。

逆説がある。むしろ我々はそれに逆らって、「書かないで書く」ことを考えてきたわけですよね。

山内 なるほど。「書かないで書く」をぼくなりにパラフレーズすると、音声入力の話がまさにそうですけれど、書くことを大袈裟《おおげさ》なものとしてとらえるのではなく、普段の喋りのように気楽にやってしまおうということになるかと思います。自己検閲《けんえつ》されていない喋りをいかに引き出して、その適当さを許すか、あるいは諦めるかがぼくらの議論のひとつの核心になっているのかもしれない。「書く」の手前には「喋る」があると。しかし、ではそもそもなぜ喋るのか。一見喋ることに必然性はなさそうなのですが、人ってたとえば一人で放っておくと炊飯器に向かって喋りかけたりし始める。つまり人間は半ば自動的な独語を抱えている気がするんですよね(笑)。大勢に向けて語られる演説みたいなのは自己検閲の利いた「書く」に近い行為ですが、喫茶店の隣席のおじさんたちがパチンコやスロットについてひたすら喋っている光景なんかは半自動的な「喋る」、つまり独語に近い。台の種類や店舗の性格や確変を導く作法についての無限に詳細なあの神学的語りです。これは承認欲求のような生やさしいものではなくて、人間というのは世界からなんらかの外傷を受けて、それについて半自動的に独語し続ける存在だということなんじゃないのかなって。たとえばいま準備してる本でぼくはひたすら庭の石組みの記述をし続けているんですが、つまりはパチンコと同じで、ぼくは石組みから外傷を受けてしまったってことです。

千葉　言葉って刺激を馴致《じゅんち》するための手段なんですよね。外傷的体験がまずあって、言葉にしている。喋ることは防衛行為で、世界それ自体と無言で向き合うことが外傷的すぎてできないから、言葉で「解《わか》る」という防衛をするわけです。身体で解る世界と言語で解る世界の衝突や関係を、自分はいろんな仕事で問題にしていると思っています。山内くんの喫茶店の隣の席の人の話とかおもしろくって、ああいう喋りをぼくは準－意味と呼んでいます。こういうと失礼なんですけど、あれって意味がない話なんですよね。あの会話によって新薬が開発されたり時間の本質が理解されるわけではない（笑）。要するに蘊蓄《うんちく》なんですけど、真理にいかないところで展開されている言語的構築があって、日常言語ってそういうものなわけです。大概、真面目に芸術のこととか語り始めてしまうと仲間内から浮いてしまう。その疎外感と大衆性に興味があるのですが、言語の本質は大衆的な準－意味にある。意味がないかもしれない秩序を組み上げる機能が言語の本質である気がしています。そこに一捻《ひね》り加えると、きっと学問になるんですよ。

山内　いわゆるカウンセリングの効能もそういうところにあるかもしれませんね。外傷をもとにした半自動的な喋りに承認を与えること。それはぼくらがこの本のなかで実現しようとしていることに似ているのかもしれない。外傷をともなった喋りのように出てきたものを原稿であると認めること。いま短い原稿をひとつ抱えていて、そこでもやっぱり整合性をとるために頭から推敲してしまっているのですが、その作業をやってて気づいたのは、これって結局のところ喋りのように脈絡なく散っていた話題を統合していく作業なんですよね。そう考えると書くことは、症状としての喋りの半自動的噴出を事後的にひとつの安定した主体の語りへとまとめあげる行為だと考えられる。症状を主体化し、同時に社会化している。この企画では書くことの困難をひたすら議論し続けてきたわけですが、ようするになんで苦しいかと言うと、個別具体的な症状を無理に統合して社会化しようとするからではないか、ということになる。症状そのままの喋りを承認するのではなく、社会化しようとするから、主体を成立させようとするから苦しいのでは、と。なんでそこまでして「書く」に至ろうとするのか？

瀬下　ぼくは単純に気持ちがいいからですかね。社会化したり主体を成立させたりすることも、プロセスはとにかくキツいですが、できたら達成感があります。あちこちに散らばっていたメモや、いろいろな方向に向いていた文を、どうにか一貫したものにまとめて、建築のように屹立《きつりつ》させられると、誇らしい気持ちになる。「ドヤ！　ここに主体が立ち上がったぞ！」という感じで、脳内麻薬がたくさん出ます。書くことそのものはほとんどずっと苦しいから、書きたくない気持ちも強いですが……。

千葉　深いなあ（笑）。

山内　むしろそこに快楽がある（笑）。

読書猿　ぼくはなんで書いているのかというと、あんまりたくさん喋れないからですかね。体力的に。『独学大全』を書いてから週1くらいでインタビューを受けているんですけど、先ほども言ったように自分は喋るのが苦手でグダグダになってしまうんですよ。まだ書くほうがマシだと思いこんでいるんです。喋り直すことってできないじゃないですか。書き直すことはできるけれど。

山内 そうそう、それが絶対的な違いですよね。

読書猿 喋り足すことはできるんですけどね。「やっぱりさっき言ったことナシ」とはできない。喋るのではできないことが、書くことではできるとぼくはどこかで思っているみたいです。一方で、ぼくが書く本を自分の代わりに書いてくれるプログラムをつくれないかなという思いもずっとあります。ぼくの書いている本の中身は既存のものなんです。タイトルとかコンセプトとか構成のアイデアは自分の頭から出たものですけれど、そうしてつくった枠組みに充塡するために中身を世界のどこかから取ってきている。だったらそのルールをプログラムの形で記述して、コンピュータが世界中の知識を巡って知識を拾って勝手に埋めてくれないものかなと。自分自身は本当は文章を書く必要はないけれど、しょうがないから自分の言語野を使って書いている、みたいな気分です。前も言ったんですけど、書きたい本の数を考えると寿命が足りないんですよ。だから仕方ないから書いている、けれど喋ることの物理的な限界を書くことでは超えている感覚があるから、まだましだから書いているというイメージです。

書くことは理想化との闘い

千　葉　この本での議論や執筆は書くということの理想化との闘いであったことは間違いなくて、みなさん共通して理想化から離れて書くことへ向かったと総括できるのではないでしょうか。断念とか有限性と言ってもいい、「自然」と呼んでもいいかもしれない。

瀬　下　ぼくは千葉さんの変化がいちばん強烈でした。「苦しみの執筆論」という座談会からこの企画は始まりましたが、千葉さんはもはや書くことをエンジョイできているのではないかと（笑）。ぼくはまだこんなに苦しんでいるのに……。

千　葉　自分がどこまで変われたのかはわからないですけど、自分で自分の治療をしていく過程だったと思うんですよね。10年以上前からそれを続けているわけですが、ここ数年は小説を書くという新たな実践をして、それでずいぶんいろんなことを考えさせられました。小説にしても小説の規範を外すという方向に向かったので。それは雑多な文章のオーダーが入っているなかで変化している瀬下さんとも共通していると思いますよ。

瀬下　ぼくは原稿というモンスターに対して、自分の身体も技術も劣っていて、とても勝ち目がないというイメージを持っています。今回も厳しい試合だな……みたいな。いわゆる死にゲーのように、何度も何度も同じようなところで躓きながら、どうにかこうにかクリアする。そういうゲームだと考えています。それに対して今回の原稿の千葉さんは「まあまあ、書き始めればいいんです」という感じで、沈鬱な調子がないといいますか（笑）。

千葉　本当にそうだったらいいんですが（笑）。

読書猿　それができるのは「お前が自信があるからだ」って批判もあると思うんです。でもそういう次元ではないですよね。

千葉　「諦め」を身体的に、あるいは内面的にどう醸成するのかということだと思います。元も子もないですが、時間が経つとできるようになるというか。年を取ってくるといろいろラフになるってことかなと。

読書猿　「どうしようもなさ」っていうのは、年を取るとたしかにありますよね。「どうしようもなさ」って、自覚のあるなしにかかわらず、ひたひたと忍び寄ってきているんです。まだ余裕があるからと諦めないと思っていても、実はどうしようもない状態にある。断念せざるを得ないことを、時間の経過は発生させます。ぼくは今回であれば〆切みたいな、ネガティブなものが外部からやってくる諦めとして役に立っているんだなと思いました。それをうまいこと使いながら書いていきたいなと。

千葉　断念は外側からくるんですよね、よっぽどのダンディじゃないと自分で断念力を産出するのは難しい。執筆を通して考えてきたのは、自分のなかにある罪悪感との闘いですよね。文章を書くことに伴う不安を乗り越えてきたと思うんです。自分のなかにある、なにかやらかしてしまうんじゃないかという不安からどうやって外に出るか。それは哲学研究のテーマでもあって、ドゥルーズとガタリが「スキゾ」とか「リゾーム」とか「ノマド」と呼んだものは、無限の罪責感の外部です。それをどう実装するかと試行錯誤して、「書かないで書く」というフォームになっていった。

瀬下　なるほど。たしかにぼくも「メモ」を通じて、自責の念や罪悪感、規範意識からどうやって自由になるかを考えている感じがします。執筆の方法を考えると言いながら、ほとんど自分との闘いになっている。

千葉　そういえば、数日前にフーコーの『肉の告白』[*17]について書きました。人間のなかには無限の罪責感があり、それとの闘いをずっと続けるしかないという図式はアウグスティヌス[*18]がセットしたんですよ。アウグスティヌスこそが内面的葛藤を発明したととらえられています。それはキリスト教の「原罪」の解釈なんですけど、無意識があるっていう話なんです

*17　『肉の告白』　ミシェル・フーコー「性の歴史」の第4巻。慎改康之訳『性の歴史Ⅳ　肉の告白』（新潮社）で邦訳を読むことができる。『文學界』2021年5月号に「霊的世俗性――フーコー『肉の告白』論」（千葉雅也）が掲載された。

*18　アウレリウス・アウグスティヌス　ローマ帝国（西ローマ帝国）時代のキリスト教の神学者、聖人。

よね。その無意識は「なにかやらかしちゃうかもしれない」というもので、意志でコントロールできない。その最たるものが性的な衝動です。それを抑えなければならないというのがキリスト教以後の近代的な主体性。それに対してフーコーは、古代ローマの場合を比較しています。ローマ人のセネカには「怒りについて」[19]というエッセイがあり、抑えられずに怒ってしまったことをセネカは反省しているんですけど、フーコーによるとそこには罪の意識がない。悔やみもしてないと評します。セネカは自分に対して「君を許す」とか「もう二度としないように」と行動を戒めているのですが、これは反省でなく注意でしかないと。ここには法の発想はなく、行政、監査の発想であるとフーコーは書くんです。アルトーの『神の裁きと訣別《けつべつ》するため』[20]とはこういうことだと思ったんですよね。一切の罪の意識はなくただ注意をし、心がけをする。そういうふうになりたいんですよ！ でも近代人だからなりきれない（笑）。文章を書くときも罪の意識がつきまとう。1回なにかやら

＊19 ルキウス・アンナエウス・セネカ「怒りについて」 セネカはローマ帝国時代の政治家、哲学者。「怒りについて」は兼利琢也訳『怒りについて 他二篇』（岩波文庫）で邦訳を読むことができる。

＊20 アントナン・アルトー『神の裁きと訣別するため』 フランスの俳優・詩人・小説家・演劇家アルトーによるラジオドラマ脚本。ドゥルーズ＋ガタリ『アンチ・オイディプス』では、この作品に登場する「器官なき身体」という言葉が中心概念として採用されている。

かしたとしても別にいいっていうか、罪責感と結びつけないようにと考えているんですが。

山内　そう、我々がこの企画でやろうとしてきたことは、まさに罪の意識に苛《さいな》まれることなしに、行政的に執筆を駆動させようということですよ！　まあ、諦めもありますよね。準備中のフィールドワーク本にしても「書いちゃったからええわ」と開き直るしかない。庭の石組みをひたすら分析して文章にするやつとか自分しかおらんやろと。「君を許す」、「もう二度としないように」（笑）。今回の原稿にしても変なの出しちゃった感はあって、でも送信してしまった。症状を社会化しようとするとつらいけど、症状をある程度そのまま露出できるようにはなる。

千葉　ラカンが言うところのサントーム、[*21] 症状ですね。ジェイムズ・ジョイスは自分の症状を肯定していたという話。

*21　サントーム　ラカンの講義録『サントーム』において提唱される概念。アイルランドの作家ジェイムズ・ジョイスの複雑な語彙操作がその症例として論じられている。

山内　だからぼくも、春からnoteに文章をあげていこうかなと。ジョイスじゃないけど（笑）。

千葉　山内くんのnote、楽しみにしてます。

２０２１年３月20日　Zoom通話にて収録

（聞き手＝星海社編集部）

あとがき

千葉雅也

なかなか不思議な、他に類を見ない本になったと思う。

「書けなさ」の心理の説明しにくい微妙なところが、けっこう言葉にできたのではと思う。それができたのは、一人で悩むのではなく、皆で集まって話したからだった。これは自助グループのような試みであり、一人ではうまく摑めなかったことも、「あるある」トークを通して少しずつ客観視できるようになってきた。似た悩みを持つ者同士で語り合うというのは実に有効な方法なのだと、改めて思った次第である。

この四人に共通するのは、ちゃんとしなければならない、だらしないのはダメだ、という規範に縛られてきたということだ。結果的に本書は、ちゃんとしなければという強迫観念からの解放、生産的な意味でだらしなくなることを目指すものになった。

通常、文章術の本は、こうでなければちゃんとしていない、というふうに規範を示すもので、こうではダメああではダメと凹凸を削って整えるような指導をしてくる。それに対して本書は、まったく逆方向を行く。チマチマした「べき」を気にせずにとにかく書いてしまえ、出てくるものを出てくるままに書いてしまえ、という方向に励まし合ったのである。

些細なところまで逸脱を恐れ、秩序意識でがんじがらめになって生活に支障をきたすことを、精神分析の用語で「神経症」と呼ぶ。

我々四人は、文章に関してひじょうに神経症的な努力を自分に課して苦しんできたのだった。自分で自分を縛ってきた。ちゃんとした文章でなければダメだというのは、そうでなければ読者に受け入れられないから、他の書き手にバカにされるから、といった外的な要請だと思っているわけだが、ある程度それはあるにせよ、我々はそれを過剰に肥大させて自分をわざと縛って、その苦しい状態に留まり続けることを密《ひそ》かに快く思っているような、無駄にマゾヒスト的な状態に陥っていた、とさえ言えるかもしれない。

一般論として言えば、こうでなければならない、それは外からそう要請されているからだ、というのはかなりの場合、自分で勝手に肥大させている意識だ。他人はそんなに自分のことなど気にしていない。ましてや文章の細かいことなどけっこうどうでもいいのである。まあ確かに、意地悪い揚げ足取りをする人もいるにはいるが、ごく一部の反応なのであって、そんな悪意を基準にしなくてもいいではないか。

「殻を破る」というのはよくある言い方だが、それがまさに今回の試みだなぁ、と思う。つまらない「殻」を自分で作り出している。それを破って、外に出るというのはどういうことか。それは、安全地帯でぬくぬくとしていたいというのを諦め、危険に満ちた外気に肌をさらすということだ。

自分はこう書く、こう書いてしまった、という結果に肯定否定どういう反応が起きるにせよ、堂々としていよう、ということである。勇気である。

結局、周りに受け入れられるためにちゃんと書かねばというのは、「何事も起きなければいいのに」という防衛的なマインドなのであって、それは「外に出ていない」のだ。出来事が起きるかもしれない。それでいいのだ。勇気を持って出来事へ踏み出して書くのである。書くことを出来事にする。道行きが不明なまま、書き始め、書き続ける。

偶然性に身を開いて書くのである。賭けとして書く。「賭く」のである。

言語は自分のものではない。その根本的事実に立ち返るのが重要だと思う。言語は、自分の外で、自分が生まれる前から使われていたわけで、それを借り受けて使っている。どれだけ自分の意を正確に伝えようとしても、言語とは他者であって、ぴったりに意を実現することはできない。そこでウンウン苦しむわけだが、しかししょせん言語は他者なのだから、と割り切れば、なんというか、自分と衣服のあいだに隙間があることを受け入れるように、ある程度の「ぶかぶか感」で、まあこんなものかと言葉を流していけるようになってくる。

瀬下さんが挙げていた、自分にとって文章の定義から外れるようなものを書いてきた他人のデータをエディットする、という事例は示唆に富んでいる。他人は思ったようには動いてくれない。それは言語も同じ。言語は他者だというのは、一人でものを考え書いているときでも、他人と共同作業をしているようなものだというイメージである。他人はこちらからしたらミスと言いたくなることをしても平気だったりする。だが、それでも他人に任せる。一応信頼する。というのが仕事では大事だ。他人に任せられない人は、なんでも自分に抱え込んでしまってパンクしてしまう。

他人に任せられるというのは、完璧を求めないことである。逆に、「完璧を求めないとは他人に仕事を任せることである」と言い換えて、一人で書くときにも、他人に仕事を振って任せるようにして書く、という意識を持つのがいい。書くプロセスに他者性の風が吹くのを歓迎する。このことを四者それぞれに考えていたのだと思う。まさしく四人で、他者同士で考えることで、「我が意」への執着すなわち「我執」を離れることがテーマとなったのである。

ライティングの哲学《てつがく》 書《か》けない悩《なや》みのための執筆論《しっぴつろん》

二〇二一年七月二一日 第一刷発行
二〇二一年九月二九日 第三刷発行

著者 千葉雅也《ちばまさや》 山内朋樹《やまうちともき》 読書猿《どくしょざる》 瀬下翔太《せしもしょうた》

発行者 太田克史《おおたかつし》

編集担当 丸茂智晴《まるもともはる》

アートディレクター 吉岡秀典《よしおかひでのり》（セプテンバーカウボーイ）

デザイナー 鯉沼恵一《こいぬまけいいち》（ピュープ）

フォントディレクター 紺野慎一《こんのしんいち》

校閲 鷗来堂《おうらいどう》

発行所 株式会社星海社
〒一一二-〇〇一三
東京都文京区音羽一-一七-一四 音羽YKビル四階
電話 〇三-六九〇二-一七三〇
FAX 〇三-六九〇二-一七三一
https://www.seikaisha.co.jp/

発売元 株式会社講談社
〒一一二-八〇〇一
東京都文京区音羽二-一二-二一
(販売) 〇三-五三九五-五八一七
(業務) 〇三-五三九五-三六一五

印刷所 凸版印刷株式会社

製本所 株式会社国宝社

ISBN978-4-06-524327-5
Printed in Japan

187
SEIKAISHA SHINSHO

次世代による次世代のための

武器としての教養
星海社新書

星海社新書は、困難な時代にあっても前向きに自分の人生を切り開いていこうとする次世代の人間に向けて、ここに創刊いたします。本の力を思いきり信じて、**みなさんと一緒に新しい時代の新しい価値観を創っていきたい。若い力で、世界を変えていきたいのです。**

本には、その力があります。読者であるあなたが、そこから何かを読み取り、それを自らの血肉にすることができれば、一冊の本の存在によって、あなたの人生は一瞬にして変わってしまうでしょう。**思考が変われば行動が変わり、行動が変われば生き方が変わります。**著者をはじめ、本作りに関わる多くの人の想いがそのまま形となった、文化的遺伝子としての本には、大げさではなく、それだけの力が宿っていると思うのです。

沈下していく地盤の上で、他のみんなと一緒に身動きが取れないまま、大きな穴へと落ちていくのか？　それとも、重力に逆らって立ち上がり、前を向いて最前線で戦っていくことを選ぶのか？

星海社新書の目的は、**戦うことを選んだ次世代の仲間たちに「武器としての教養」をくばることです。**知的好奇心を満たすだけでなく、自らの力で未来を切り開いていくための〝武器〟としても使える知のかたちを、シリーズとしてまとめていきたいと思います。

2011年9月

星海社新書初代編集長　柿内芳文

SEIKAISHA SHINSHO